JN271403

会議・プレゼンテーションの
バリアフリー
――"だれでも参加"を目指す実践マニュアル――

電子情報通信学会　情報保障ワーキンググループ

社団法人 電子情報通信学会

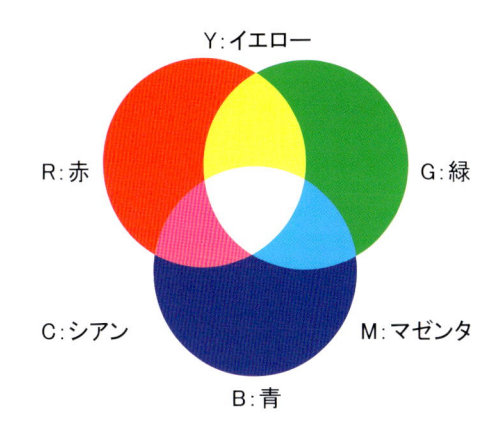

口絵1　光の三原色RGBの加法混色（p.119　図4.6）

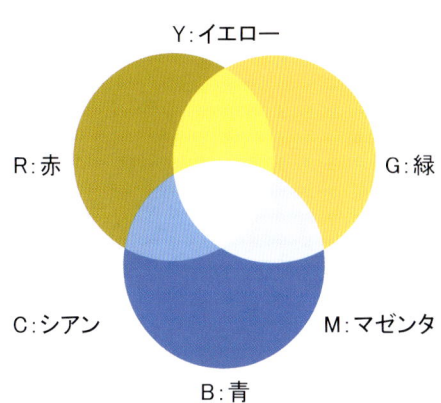

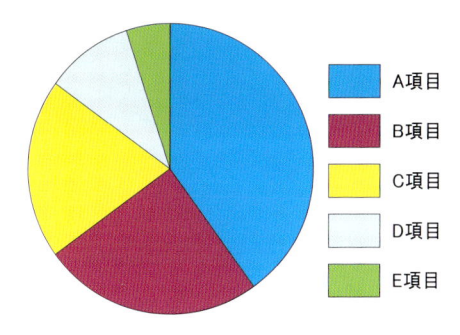

口絵3　色情報のみを用いた円グラフ（p.123　図4.8）

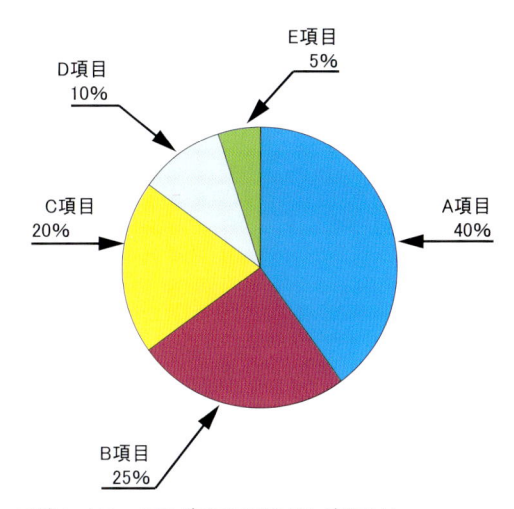

(a) 1型2色覚

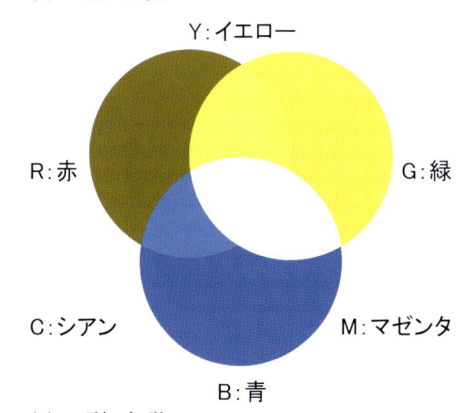

口絵4　カラーの円グラフに引き出し線を付けデータ項目を付加（p.124　図4.11）

E項目 5%
D項目 10%
C項目 20%
A項目 40%
B項目 25%

(b) 2型2色覚

口絵2　1型2色覚と2型2色覚の光の三原色の見え方のシミュレーション（p.121　図4.7）

図と地に用いる色による見え易さは異なります
背景色：黄，文字色：白

図と地に用いる色により見え易さは異なります．
背景色：濃紺，文字色：白

図と地に用いる色により見え易さは異なります
背景色：赤，文字色：緑

図と地に用いる色により見え易さは異なります
背景色：赤，文字色：白

口絵5　図と地の配色の例（p.132　図4.13）

図と地に用いる色により見え易さは異なります。
図と地に用いる色により見え易さは異なります。
図と地に用いる色により見え易さは異なります。
図と地に用いる色により見え易さは異なります。

(a)　1型2色覚

図と地に用いる色により見え易さは異なります。
図と地に用いる色により見え易さは異なります。
図と地に用いる色により見え易さは異なります。
図と地に用いる色により見え易さは異なります。

(b)　2型2色覚

口絵6　図4.13の1型2色覚と2型2色覚の見方
　　　（p.132　図4.14）

A項目 40%
B項目 25%
C項目 20%
D項目 10%
E項目 5%

口絵7　図4.8の円グラフをカラーでかつパターン模様にして引き出し線を付けデータ項目を付加（p.133　図4.15）

関東1都6県の人口の特徴

南関東の人口集積が大きい
人口の伸び率は南関東を除いて減少傾向
低年齢層と高齢者比率は全国比率以下

東京
神奈川
埼玉
千葉
茨城
群馬
栃木

・文字が小さい
・明朝体は・・・
・行間隔が狭い

・コントラストがなく見にくい

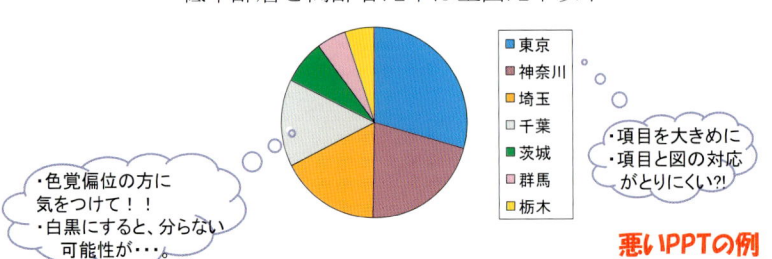

・色覚偏位の方に気をつけて！！
・白黒にすると、分らない可能性が・・・

・項目を大きめに
・項目と図の対応がとりにくい?!

悪いPPTの例

口絵8　分かりにくいPower Pointの例（p.192　付録）

刊行のことば

　近年，バリアフリー，ユニバーサルデザインなどの言葉がいろいろなところで使われるようになり，障害のある人への一般市民の理解が深まってきています．また，障害をおぎない，いろいろな活動を助ける支援技術の研究開発も活発に行われ，特に情報，通信分野の先端技術を応用して，コミュニケーションや日常生活の支援をする技術は多くの成果を出してきています．これらの技術のいくつかは製品化され，障害のある人が利用していろいろな情報を得たり，発信したりすることができ，また日常生活でこれまでできなかったことができるようになり，その活動の幅を拡げられるようになりました．まだまだ理想の姿には隔たりはあるにしても，障害のある人の社会参加が多くの人々の努力によって，少しずつ実現しているといえます．

　さて，（社）電子情報通信学会は，その名の示す電子・情報・通信技術の研究開発および発展に継続的に貢献しています．そのような中，当学会では，支援技術の分野にも積極的な活動を進めてまいりました．他学会に先駆けてこの問題を解決すべくプロジェクトを結成し，障害のある人が積極的に参加できるようにするための「ガイドライン」「マニュアル」を作成いたしました．これは学会のみならず，一般の企業，団体，機関などでの会議でも障害のある人の参加を促進する上で充分使えるものと考え，本書を編纂することにしたものです．本書がきっかけとなり，多くの企業や教育分野等で，障害のある人の積極的な参加を支援できることを願っています．

2010年2月　　　社団法人電子情報通信学会　会長　　青山友紀

序　文

　今日，安定した社会環境のもと，障害のある人の社会参加がいろいろな方面で進んできています．企業への就職，地域の社会活動などへの参加は着実に増えつつあり，また大学等の高等教育への進学，さらには学会における研究活動への参加なども，少しずつですが増えてきています．これらを可能にしている要因はいくつか考えられますが，障害のある人に対する社会の理解が深まってきたこと，社会参加を促進する制度が拡充されてきたこと，電子情報通信技術を中心とした，障害を補償しアクセシビリティ（機械やシステムが，障害のある人，高齢の人などにも使えること）を確保するための支援技術が進んできたことなどが主なものとして挙げられるでしょう．

　障害のある人にはいくつかの困難さがあります．例えば，視覚障害のある人は文書の読み書き，機器の操作，単独移動が難しいこと，聴覚障害のある人は音声によるコミュニケーションが困難なこと，肢体不自由の人の場合は機器の操作，移動が難しいことなどがあります．そのため，就学や就職を断られる，入学できても，学校では授業が分からないまま進められてしまう，会社では障害が妨げになるような仕事は与えられない，会議に参加させてもらえない，ということが起こっていました．

　しかしかつては，情報を得たり，文章を書いたりするのに多大な困難があった障害のある人も，最近ではパソコンやインターネットを，支援技術によって使いこなし，多くの情報を手にし，文章を書くことができるようになりました．パソコンの画面の情報を合成音声で読み上げるスクリーンリーダ，手が使えなくてもキー操作ができる入力補助装置な

どの支援技術のおかげです．

　さらに，手話通訳や，話の内容を要約して表示するパソコン要約筆記などのサービスを提供する組織が徐々に増え，セミナーや会議などで利用できるようになり，また大学では講義内容を筆記するノートテークが普及してきました．手話や車いすを題材にしたテレビドラマがヒットしたりして，障害のある人への理解が進み，社会参加を進める運動が広まってきています．

　とはいえ，実際に障害のある人が授業を受けたり，会社で仕事をしていくにはまだまだ問題がたくさんあります．学会や研究会などでも障害のある人の参加は非常に少ないのが現状です．手話通訳が付かない，発表のスライド等の文字が小さすぎて見えない，資料が点字化されていない，などのバリアがあるのです．また，例えば，イラストにあるように，会議でスライドを使いながら，「このグラフを見ていただくとお分かりのように …」と説明しても，視覚障害のある人には分かりません．手話通訳が付いているときにあまり早口でしゃべったり，専門的な略語を多用したりすると通訳ができなくなってしまいます．会議室の入り口に段差があると車いすの人は入ることが難しくなります．このように，支援技術やサービスだけでは解決できないものもたくさんあります．周囲の人々の障害のある人に対する具体的な配慮が大変重要です．支援技術やサービスの一層の進展を促進するとともに，周囲の人々の配慮についても考えていかなければなりません．

　このような状況のもとに，近年，支援技術や福祉情報機器関連の研究開発が盛んになり，電子情報通信学会，ヒューマンインタフェース学会ほか多くの学会，研究会はその研究開発，発表，普及の場として活発な活動を続けています．真に役に立つ機器，システムの研究開発には，ユー

序文

ザーである障害のある人の研究開発への参加が不可欠です．障害のある人が学会や研究会に参加する場合，例えば点字，手話などその人たちが使える方法でできるだけ多くの情報を提供すること（情報保障といいます）が必要です．電子情報通信学会ではこのためにワーキンググループを作って検討を進め，「ガイドライン」を作成しました．現在はヒューマンインタフェース学会とも共同して，それを更により良いものにするとともに，広く一般にも展開するための活動を進めています．この本は学会で作成したガイドラインをもとに，授業や企業での会議などいろいろな場で，障害のある人への情報保障を進められるように編纂したものです．広くご活用いただければ幸いです．

2010 年 1 月　　　　電子情報通信学会　情報保障ワーキンググループ
　　　　　　　　　　　　編纂委員会　委員長　　岡本　明
　　　　　　　　　　　　　　　　副委員長　長嶋祐二
　　　　　　　　　　　　　　　　　〃　　　安藤彰男

＜電子情報通信学会の情報保障ワーキンググループ活動経過＞

　(社)電子情報通信学会は会員数3万人以上の，電子技術・情報技術・通信技術の分野の有力学会です．その中のヒューマンコミュニケーショングループ（略称：HCG）に属する福祉情報工学研究会（Well-being Information Technology：WIT）では，1999年の発足以来，障害のある人にも参加していただけるように，様々な情報保障を試みておりましたが，それにかかる経費が大きな課題となっていました．そこで，同学会に設けられている「活性化基金」を利用して，適切な情報保障方式を検討することを提案し，承認されました．

　2004年4月，HCG内に情報保障ワーキンググループが設立され，活性化基金に基づいて，1年間の活動を行ないました．具体的には，WITの年間4回の研究発表会，HCGシンポジウム，そして2004年情報科学技術フォーラム（FIT2004）の福祉情報工学のセッションにおいて，様々な情報保障方式を試み，必要な経費と，その効果を調査しました．この活動により，複数の情報保障を同時に行なうと相乗効果が生み出されるということも分かりました．例えば，会場で取ったアンケートには，「手話通訳と音声認識同時字幕の組み合わせで，聴覚障害のある人とない人がリアルタイムで話し合いができる」というコメントが寄せられました．情報保障を行なうためには，事前にどの程度の準備が必要なのかも明らかになりました．点字に翻訳するためには原稿を早めに提出していただく必要があります．講演者と手話通訳者との事前打ち合わせによって，手話の品質が向上できます．音声認識同時字幕や，遠隔手話などの新しい情報保障方法を用いる場合には，事前に回線の準備が必要です．活動を始めた当初は分からないことばかりで，苦労の連続でした．苦労の一端は，コラムとして本書の中でも紹介しています．情報保

障ワーキンググループでは，これらの経験に基づき，論文投稿時，発表時のアクセシビリティガイドラインも作成しました．

　振り返ってみますと，わずか1年間の活動でしたが，非常に内容の濃い1年であったと思います．

目　　次

刊行のことば

序文

〈電子情報通信学会の情報保障ワーキンググループ活動経過〉

1. 障害の概要と本書の読み進め方 ･･････････････････････････････････ 1
　　1.1　障害の概要 ･･ 1
　　　　1.1.1　障害の種類・分類と障害のある人の数 ･････････････････ 1
　　　　1.1.2　視覚障害 ･･ 2
　　　　1.1.3　聴覚障害 ･･ 3
　　　　1.1.4　肢体不自由 ･･ 4
　　　　1.1.5　発達障害 ･･ 5
　　1.2　情報保障とアクセス確保の必要性 ･･････････････････････････ 6
　　　　1.2.1　情報保障，アクセスの確保とは ･･････････････････････ 6
　　　　1.2.2　なぜ情報保障とアクセス確保が必要なのか ････････････ 7
　　　　1.2.3　各障害への情報保障とアクセスの確保のあらまし ･･････ 9
　　1.3　本書の読み進め方 ･･12

2. バリアのある会議・プレゼンテーションの現状 …………………15
　2.1　視覚障害のある人の場合のバリア ……………………………15
　　2.1.1　開催情報の検索 …………………………………………15
　　2.1.2　会場までの移動 …………………………………………16
　　2.1.3　会場内の移動 ……………………………………………16
　　2.1.4　会議・講演資料の読み書き ……………………………17
　　2.1.5　プレゼンテーション画面 ………………………………19
　2.2　聴覚障害のある人の場合のバリア ……………………………20
　2.3　肢体不自由の人の場合のバリア ………………………………24
　　2.3.1　足が不自由な人の場合 …………………………………24
　　2.3.2　手が不自由な人の場合 …………………………………28
　　2.3.3　発話，発声が困難な人の場合 …………………………29
　　2.3.4　その他 ……………………………………………………30
　　　　コラム　学習障害のある人にとってのバリア ……………30

3. 情報保障の方法 ………………………………………………………31
　3.1　視覚障害のある人の場合 ………………………………………31
　　3.1.1　点字 ………………………………………………………31
　　3.1.2　拡大表示 …………………………………………………36
　　3.1.3　音訳 ………………………………………………………40
　　3.1.4　電子ファイル ……………………………………………41
　　3.1.5　プレゼンテーション ……………………………………44
　　3.1.6　移動 ………………………………………………………45
　　　　コラム　スクリーンリーダーの仕組み ……………………45
　3.2　聴覚障害のある人の場合 ………………………………………48

3.2.1　手話 …………………………………………………48
　　　3.2.2　要約筆記と字幕 ………………………………………52
　　　3.2.3　補聴システム …………………………………………59
　3.3　肢体不自由の人の場合 …………………………………………61
　　　3.3.1　会場内のアクセス，設備 ……………………………61
　　　3.3.2　会議，プレゼンテーション …………………………63
　　　コラム　学習障害のある人への情報保障の方法 ………………65

4. 情報保障の提供方法（マニュアル，ガイドライン） …………67
　4.1　主催者のために …………………………………………………67
　　　4.1.1　視覚障害のある人への情報保障 ……………………67
　　　コラム　点訳ボランティアＡさんの声 …………………………80
　　　4.1.2　聴覚障害のある人への情報保障 ……………………81
　　　コラム　パソコン文字通訳者の声（キャプショニング・ペガサス）
　　　　　　　……………………………………………………………85
　　　コラム　情報保障手配の苦労話(1) ………………………………90
　　　コラム　情報保障手配の苦労話(2) ………………………………93
　　　コラム　情報保障手配の苦労話(3) ………………………………97
　　　4.1.3　肢体不自由の人への配慮 ……………………………99
　　　コラム　車椅子利用者の立場から ………………………………104
　4.2　講演者，発表者のために ………………………………………105
　　　4.2.1　資料作成のガイドライン ……………………………107
　　　4.2.2　プレゼンテーション資料作成のガイドライン …………122
　　　4.2.3　講演者の発表時のアクセシビリティガイドライン ………131

5. 関連情報 …………………………………………………………… 141
　5.1　障害の定義 ………………………………………………… 141
　　5.1.1　法律等での定義 ……………………………………… 141
　　5.1.2　ICIDH と ICF ………………………………………… 142
　　　コラム　盲ろう重複障害 ………………………………… 147
　5.2　関連する法律，規格など ………………………………… 147
　　5.2.1　著作権 ………………………………………………… 147
　　5.2.2　個人情報保護 ………………………………………… 152
　　5.2.3　バリアフリー新法 …………………………………… 154
　　5.2.4　アクセシブルミーティングの JIS 規格 …………… 158
　　5.2.5　米国リハビリテーション法 508 条と
　　　　　 情報アクセシビリティ関連の日本工業規格 (JIS) ……… 159
　　　コラム　手頃な情報保障 ………………………………… 161
　　5.2.6　字幕放送 ……………………………………………… 163
　5.3　その他関連事項 …………………………………………… 165
　　5.3.1　協力者の写真等について …………………………… 165
　　5.3.2　海外の大学・学会における情報保障 ……………… 166
　　5.3.3　音声認識 ……………………………………………… 168

あとがき

巻末資料
＜情報保障サービスの行程表＞
＜点訳依頼先リスト＞
＜全国手話通訳派遣センター一覧（2010 年 1 月現在）＞

参考文献

付録

＜ガイドライン，マニュアル＞

＜分かりやすいPowerPointの例，分かりにくいPowerPointの例＞

和文索引……………………………………………………………193

欧文索引……………………………………………………………198

第 **1** 章

障害の概要と本書の読み進め方

1. 障害の概要と本書の読み進め方

　本書は会議やセミナー，講習会などで，そこに参加する障害のある人のために配慮すべき事柄について述べるものです．この章では，まず障害について簡単に説明します．第2章以降を読むために参考となる予備知識として，これら障害のある人に配慮すべきことの視点の概要を説明します．なぜ情報保障やアクセシビリティの確保が必要かを概説します．一方で，情報保障やアクセスの確保を難しく考えては何もできません．100点満点のこれらのサービスの提供は，ハードルが高くて実現困難です．そこで，本書を気軽に読んで，「まずはできるところから始めよう！」と思っていただけるような読み進め方を説明します．

1.1 障害の概要
1.1.1 障害の種類・分類と障害のある人の数

　内閣府の平成20年度の障害者白書によれば，障害のある人の概数は，図1.1に示すように，身体障害366.3万人，知的障害54.7万人，精神障害302.8万人とされています．総人口比は約6%となっています．このうち，在宅の身体障害のある人の概数は，肢体不自由181万人，内部障害109万人，聴覚・言語障害36万人，視覚障害31万人です．

　さらに，上記の障害を複数持つ重複障害の人も相当数にのぼります．例えば重複身体障害は31万人です．そのうち視覚障害と聴覚障害とを重複する盲ろうの人は2万2千人，視覚障害と肢体不自由との重複は3万2千人，視覚障害と内部障害との重複は1万5千人，聴覚・言語障害と肢体不自由との重複は8万1千人，聴覚・言語障害と内部障害との重複は1万5千人，肢体不自由と内部障害との重複は9万1千人です．また，3種類以上の重複が5万4千人となっています．

1. 障害の概要と本書の読み進め方　　　3

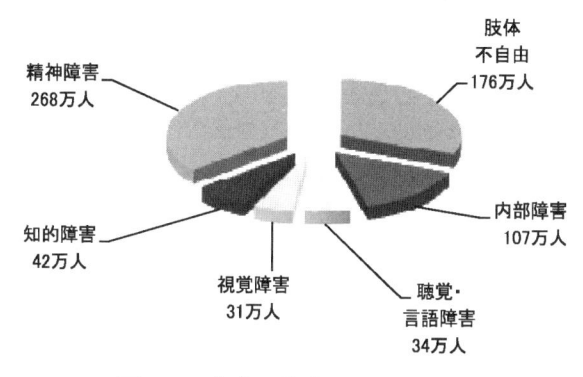

図1.1　在宅の障害のある人の数
- 肢体不自由　176万人
- 内部障害　107万人
- 聴覚・言語障害　34万人
- 視覚障害　31万人
- 知的障害　42万人
- 精神障害　268万人

　上記のように障害はいくつかに分類されています．そのうち，本書の目的に関連の深いものについて概要を紹介します．

1.1.2　視覚障害

　視覚障害には全盲と弱視（ロービジョン）があります．弱視は，視力，視野や光覚に障害のある状態で，視覚の活用の可能性の残っている状態です．視野の障害では，見える範囲が狭い，見えない部分が存在するなど見える大きさや範囲に制限があります．視力の障害では，全体がぼやけて見える，ゆがんで見える，判別しにくい色がある，文字の色と背景の色の判別しにくい組み合わせがあるなどです．また，光覚の障害では，まぶしさを強く感じる羞明（しゅうめい）や夜盲などの症状もあります．色に関しても，その見え方，見やすさも様々で，例えば色覚障害のある人は色の判別に困難があります．白内障の手術をした人には見分けにくい色の組み合わせがあり，パソコンなどでは画面の配色に配慮が必要な場合もあります．

　全盲の人の情報授受手段は，聴覚と触覚を用いることになります．視

力が残っている人の場合には，聴覚とともに，もちろん視覚も活用します．点字は視覚障害のある人のための文字ですが，これを使う人はそれほど多くありません．特に中年期以降に中途で失明した人にとっては，習得するのは大変な努力が必要となります．

1.1.3　聴覚障害

聴覚障害は，聞こえの能力により「完全失聴（ろう）」と，「難聴」に分かれます．完全失聴（ろう）は，音が聞こえないあるいは聞き分ける能力がない状態です．難聴は残存する聴覚の活用の可能性の残っている状態です．難聴は障害の部位により，3種類に分類できます．

伝音性難聴：外耳，鼓膜，中耳など，音を伝える器官の障害による．
　　　　　　音が小さくしか伝わらなくなるが，補聴器が有効．
感音性難聴：内耳以降の神経の障害による．
　　　　　　音が聞こえても，雑音との聞き分けができない，うまく聞き取れないなどの症状がある．
混合性難聴：伝音性と感音性の両方が混合した障害．

手話は聴覚障害のある人の言語ですが，聴覚障害のある人すべてが使えるわけではありません．特に年齢が高くなってから失聴した人にとって手話の習得には大きな困難があります．手話には大きく分けて，自然言語の一つとして独自の文法体系を持つ「日本手話」と，日本語の語順や文法に従う「日本語対応手話」，この両者の中間的な「中間型手話」があります．

ろうの人の場合，最初に獲得する言語は「日本手話」であることが多く，これが第一言語（母語）となり，その後に習得する日本語は第二言語という位置付けで，日本語を苦手とする人もいます．

自分の声が聞こえないために音声発話が不自然になる場合が多く，音量はあるが発音が不明瞭で聞き取りにくい場合があります．

1.1.4 肢体不自由
肢体不自由には多くの原因があり，状態や症状はそれぞれ異なります．

(1) 脳性まひ

脳性まひとは，受胎から生後4週間以内の新生児までの間に生じた脳の損傷による運動機能の障害です．この運動機能障害は，手や足が動かない，動きにくい，発話が困難などです．また，意志とは無関係に身体が動いてしまう不随意運動がある場合も多く見られます．脳性まひ自体は進行しないのですが，体に負担がかかる姿勢を取り続けることに伴う二次障害が起こりやすいといわれています．

(2) 進行性の神経難病

筋ジストロフィー，筋萎縮性側索硬化症（ALS：Amyotrophic Lateral Sclerosis）などの進行性の神経難病の場合には，病状が進行すると鉛筆や食器が持ちにくくなり，腕や足が上がらなくなり，やがて歩行も困難になります．最も進行した状態では，自ら呼吸することもできなくなります．気管支を切開して人工呼吸器を使用する人の多くは1日の大半をベッドに寝た状態で過ごすことになります．

(3) 脊髄損傷

事故あるいは病気などで，脊髄に損傷を負うと，上肢や下肢の四肢の運動機能や知覚麻痺などの障害が起こります．障害の程度は損傷の部位

によって異なり，頸椎の損傷では四肢に，胸椎から下のときは両下肢などに運動機能の低下や知覚まひが起こります．重度の人では，頭は比較的随意に動かせても首から下はまったく動かない場合も多く見られます．

(4) 脳血管障害

脳血管障害は，脳出血，くも膜下出血，脳梗塞，脳血栓，脳塞栓などにより脳に損傷を受けることによって起こります．この障害では，損傷した部位により運動機能障害，意識障害，言語障害などが起こります．

1.1.5 発達障害

発達障害は脳の機能的な問題が原因で生じているものです．発達障害の状態は多様で，同じ診断名でも，個性や，発達の状況や年齢，置かれた環境などによって目に見える症状は異なります．知的障害との違いが分かりにくいのですが，広汎性発達障害等の場合，その半数は知的障害はないといわれています．ここでは発達障害者支援法による分類を用います．

発達障害の代表的なものの特徴は次のようなものとされています．

(1) 広汎性発達障害
(a) 自閉症： 社会的関係形成の困難，言葉の遅れ，こだわり，想像力の障害，感覚異常などがあります．一般的に，知能指数 IQ が 70 以上の知的発達の遅れがない場合は「高機能自閉症」といわれます．

(b) アスペルガー症候群など： 自閉症の特徴がありますが，知的発達と言語獲得に関しては著しい発達の遅れを伴わない場合をいいます．

(2) 学習障害（LD：Learning Disorders, Learning Disabilities）

　全般的な知的発達に遅れはないのですが，聞く，話す，読む，書く，計算する，または推論する能力の特定の能力に困難があります．

(3) 注意欠陥多動性障害（ADHD：Attention Deficit/Hyperactivity Disorder）

　年齢あるいは発達に不釣り合いな注意力，多動性，衝動性があります．

(4) その他

　脳機能障害によるものとして，発達性協調運動障害などがあります．

1.2 情報保障とアクセス確保の必要性

　前節では，障害の分類とその概要について説明しました．本書はこれらすべての障害と問題点を対象とはしません．あまりにも配慮することが多く，また個別的になりすぎるためです．この節では，会議やセミナー，講演会などの場で重要な，情報保障とアクセスの確保の必要性について説明します．そして，本書で主として対象とする障害について簡単に説明します．

1.2.1 情報保障，アクセスの確保とは

　本書を読み進めていくと「情報保障」というなじみのない言葉が，頻繁に登場します．人によっては，「情報」，「保障」と聞いてしまうと，ハイテクで難しい最近話題の「コンピュータの世界の情報の話？！」と敬遠してしまうかもしれません．情報保障は，コンピュータの世界の話ではありませんが，人と人とが話題を共有してコミュニケーションを行

なうときには重要な問題です．「情報保障」とは，参加者の間でやり取りされているすべての「内容＝情報」を共有して，その「場」に積極的に参加できるようにする取り組みです．情報保障の対象者は，ミーティングや講演会などの「場」を共有しているすべての人となります．保障すべき情報には，同時性（遅れなく），同質性（ほぼ同じ内容），同量性（ほぼ同じ容量）が求められます．視覚や聴覚に障害のある人にはできるだけこれらを保障する必要があります．

　さて，ミーティングや講演会などの場へ参加するには，自宅を出てから公共の交通機関などを利用して会場へ行き，席に着かなければなりません．また，終了したら帰宅というその逆のプロセスがあります．「アクセスの確保」とは，移動に伴う様々なバリアを配慮することにより，安全に場へ参加して帰宅するまでの，経路や手段を確保することといえます．

1.2.2　なぜ情報保障とアクセス確保が必要なのか

　ここでは，情報保障の必要性を考えてみましょう．

　今，あなたが，テレビのクイズ番組を見ていることを想像して下さい．司会者が，次のようなせりふを言ったとします．

　「歴史上の有名人の写真が映し出されます．名前が分かった段階で素早く手前のボタンを押して下さい．ただし，政治家の場合には緑色のボタン，音楽家の場合には黄色のボタン，それ以外は赤色のボタンを押してから名前を解答して下さい．」

　もし，目を閉じて見ていたら，あなたは画面に映し出された有名人の写真を見ることができないので，解答できません．ヒントが音声で流されれば，解答が分かるかもしれませんが，ボタンの位置をあらかじめ記

憶しておくなどしなければ，ボタンを押すことはできません．やはり，より速く解答を得るためには，写真を見ながらヒントを聞いたほうがよいでしょう．このような状況が視覚障害の人が日常経験することなのです．色覚障害の人では，赤と緑色のボタンの区別が難しい場合もあります．

　また，あなたがこのクイズ番組を，音量を最低あるいは非常に小さくして見ている状況を想像して下さい．あなたは，いくら問題を読まれても，ヒントを出されたとしても，何を答えるのか，ボタンの色の意味は何であるか，理解できないかもしれません．このような状況が，聴覚障害の人が日常経験することなのです．音声だけではなく，同時に字幕が付くと理解しやすくなることもお分かりいただけると思います．

　実際に，テレビのニュースやクイズ番組を，音量を下げたり，目を閉じたり，眼鏡をはずしたりして，見て下さい．そのときに，内容が理解できるか，どのような情報が伝わり何が伝わってこないか，などを試してみて下さい．その状況のもとで，どのようなサポートがあれば，理解の助けになるか考えて見て下さい．それが，情報保障に望まれる項目かもしれません．

　次に，外出に伴う移動のときのアクセスの確保の必要性について，考えてみましょう．

　公共の交通機関を利用して，ショッピングに行くことを想像して下さい．ただし，あなたは骨折をして長時間の歩行が困難なため，松葉杖を使うあるいは車椅子に乗って出かけるとしましょう．通い慣れていて普段は何の問題もない経路だとしても，次に挙げるような点が気になるのではないでしょうか．

・歩道と車道の区別はあるか．

・歩道には駐輪の自転車が溢れていないか．
・バスは低床バスが運行しているか．
・道や通路に所狭しと物が置かれていないか．
・駅や建物の施設には自動ドアやエレベータがあるか．
・手すりの付いたトイレ，誰でもトイレはあるか．

　このような状況で生じる移動に対する困難が，肢体不自由の人が経験することです．この移動に対する困難な状況は，視覚障害のある人にも共通するものもあります．例えば，点字ブロック上にたった一台でも自転車が置かれていたらどうか，想像してみて下さい．

1.2.3　各障害への情報保障とアクセスの確保のあらまし

　ここでは，本書で解説される障害ごとの困難さと，望まれる情報保障とアクセスの確保について，あらましを説明します．更に詳細な内容は，現状の概観，方法論，具体的な提供方法と，章ごとに展開していきます．

(1)　視覚障害のある人

　視覚障害は，視覚による情報のやり取りの障害です．見えない，見えにくいなどに起因する不便さや困難さは，日常生活での文字の読み書きなど視覚に依存した情報の受けとりや移動など多くの場面で生じています．さらに，コミュニケーションでは，音声のほかに，対象を指差したりする何気ない動作も重要な情報として使われ，また，携帯電話やインターネットなどでは，文字，絵文字，画像が混在して利用されています．このような視覚に依存するコミュニケーションでは，視覚障害は不便さや困難を伴うことになります．

　視覚に障害がある人への情報保障では，視覚で受け取るべき情報を，

障害の程度により，音声や点字などの別な情報に変換したり，拡大したりして補助する方法がとられます．ここでは，簡単に情報保障のために必要な配慮をまとめます．

・配布資料に対する配慮

　　文字情報は，朗読ボランティアや読み上げソフトを利用して音声化したり，点字に変換する可能性があります．分かりにくいと思われる同音異義語，同形異音語，人名などの漢字には説明を付けたり，読みを補足したりするなどの配慮が望まれます．ルビの付いた文字はスクリーンリーダーと呼ばれる画面読み上げソフト（3.1のコラム参照）では読み上げられないことがありますので，使用しない方が無難です．

　　図や表は，別な情報への変換ができなかったり難しかったりすることがあります．文字による説明を本文中に書くことが望まれます．

　　どのような形式で資料を配布できるかを，事前にアナウンスすることが望まれます．点字資料の配布や読み上げソフトを利用できる電子データの配布ができることが望まれます．

・会場で用いるプレゼンテーション資料に対する配慮

　　会場の広さに適した文字のサイズにより，プレゼンテーション資料を作成することが望まれます．この配慮は，話を聞いているすべての人に有効な配慮です．

　　色覚障害の人には，コントラストを強調するような配色を用いるなどの配慮も有効になります．

・話し手に望まれる配慮

　　指示代名詞や指差しなどを多用した話し方では，聞いた内容を十分に理解できません．資料を読み上げるなり，指し示している具体

的な名称を発話するなどの配慮があると理解の助けになります．

(2) 聴覚障害のある人

　聴覚障害は，聴覚による情報のやり取りの障害です．聴覚障害のある人は，音が聞こえない，聞き取りにくいなどにより，対人コミュニケーションや，様々な音情報に支えられた日常生活で，困難さや不便さを感じています．聴覚障害のある人のコミュニケーション手段の一つとして手話があることは，障害の概要で述べました．しかし，多く利用されているコミュニケーション手段は，補聴器や人工内耳などの補聴機器や，筆談・要約筆記です．聴覚障害のある人がどのコミュニケーション手段を用いるかは，聞こえの状態や聞き分けの能力，音声言語の獲得状況，障害を受けた時期や教育環境，家庭やコミュニティ環境，利用場面などによって大きく異なっています．これは，情報保障する方法が人によって異なることを意味しています．

　聴覚障害のある人への情報保障は，セミナーや講演会の場での，以下の3点が主となります．

・手話通訳

　　手話を日常用いている人には，最も望まれる情報保障手段となっています．セミナーや講演会の内容によっては，専門用語などを通訳できるかどうか，事前に調査する必要があります．

・要約筆記などの文字化

　　音声言語獲得以降に聴覚障害になった人には，有効な情報保障手段です．文字化の方法には，手書き要約筆記，パソコンを用いた要約筆記があります．また，最近の音声認識技術を利用した新しい取り組みも注目されています．

・補聴システム

　補聴器に磁気を使って音声を送る，磁気誘導ループ（通称，磁気ループ）による補聴システム（3.2.3参照）を利用している人は，発話された音声をクリアに聞くことができます．補聴システムを備えた会場は少ないのですが，貸し出しサービスもあります．

(3)　肢体不自由の人

　肢体不自由の人は，セミナーや講演会の場での情報授受の問題よりも，自宅から会場までの間や会場内での移動に大きな困難が想定されます．安全の確保から，移動に関するアクセスの確保が望まれますが，一般交通機関や道路や建物内の設備を改善するのは困難です．むしろ，より安全性の高い，便利な経路を探索する，エレベータや車椅子用トイレがある会場を探すなど，どちらかというと受動的な配慮にとどまらざるを得ず，主催者がアクセスの確保でできることは，非常に限られているといえます．

1.3　本書の読み進め方

　前節では，情報保障とアクセスの確保の必要性について，その概要を説明してきました．読者の皆さんは既にお気付きのように，すべての障害について本書は述べていませんし，扱うこともできません．情報保障とアクセスの確保の2点について次章以降で説明がなされています．本書の対象とする障害は，主に視覚障害，聴覚障害，そして肢体不自由です．しかし，本書で説明していることは，これらの障害だけでなく，高齢の人や一般の人にとっても，重要な内容を含みます．その例が，プレゼンテーション資料の文字サイズや色使いに対する配慮であり，明瞭な

発話の配慮です．

　第2章以降は，私たち著者のそれぞれの障害を支援する専門的立場から，多くの配慮の必要事項を記載しています．あまり専門的な説明に偏らないように配慮しているつもりですが，詳細な配慮に対する記述項目もあります．また，「これも必要」，「あれも必要」，「これもすべき」と多くの必要事項があると感じられる読者もあると思います．しかし，執筆者らは，すべてに対応する必要はないと考えています．情報保障を行なおうという意思を大切にしたいからです．当然，情報保障を実行するには，お金も人手も必要になります．その会の規模と参加者の層により，柔軟に対応することが重要です．

　本書が対象とする読者は，だれでも気軽に参加できるミーティング，セミナー，講習会，講演会などの「場」の開催の主催者，講演者，発表者，そして聴衆などその「場」へ参加するすべての人です．さらに，障害のある人や高齢の人への情報保障の方法，アクセスの確保に関心のある方々です．

　障害のある人や高齢の人が参加する場合，まずは，できる範囲で情報保障やアクセスの確保に対応して下さい．お金をかければ，最新の技術を使った高度な情報保障が可能となります．しかし，着実に情報保障やアクセスの確保を前進させていくために重要なことは，無理をすることなく，できるところから取りかかることです．あまり背伸びをした取り組みの結果，大変さだけが残り，継続できないのでは本末転倒です．お金をかけないでも，手作りで素敵な情報保障の方法が見つかるかもしれません．本書がそのような方法を見つけるヒントになれば，著者一同うれしい限りです．

第2章
バリアのある会議・プレゼンテーションの現状

2. バリアのある会議・プレゼンテーションの現状

ここではいろいろな障害のある人が会議や講演会に参加して，聴講したり発表したりするときに，どのようなバリアがあるかを見ていきます．

2.1 視覚障害のある人の場合のバリア
2.1.1 開催情報の検索

会議やセミナーの開催の案内は，かつては紙だけで行なわれ，現在も紙ベースの場合が多いのですが，全盲の人はこの案内を他の人に読んでもらう必要があります．視覚を使える弱視の人でも，文書の中から必要な情報を見つけるのは容易なことではありません．

現在では，インターネットで情報を検索したり，あるいは，メーリングリストに投稿された開催情報を受け取ることが可能になってきました．しかしこのようにネットワークを介して情報を受け取れる場合でも，依然としてバリアが残されています．

重度の視覚障害のある人は，スクリーンリーダーと呼ばれるパソコンの画面読み上げソフトを使うことが一般的です．ところが，スクリーンリーダーが読み取ることのできるファイル形式は限られています．例えば，世界的に広く使われている PDF[注1] ファイルは，その作り方やバージョン，設定，そしてスクリーンリーダー製品との組み合わせによって，まったく読めない，あるいは読みづらいことがあります．Flash 形式[注2]の Web ページもスクリーンリーダーでは読めないことが少なくありません．HTML 形式[注3]の Web ページはスクリーンリーダーによるアクセスが容易ですが，画像ファイルに説明用の文章が付いてないと内容を知ることができません．これらのバリアはすべて Web アクセシビリティ上の問題として取り扱われています．

Webページと比べると電子メールにはアクセス上の問題は少ないのですが，開催案内などを添付ファイルとして送った場合，ファイル形式によってはこれを読めないことがあります．

2.1.2 会場までの移動
移動途中の代表的なバリアとして，以下の2点が挙げられます．

(1) 道路歩行中の障害物
・人，自転車，店頭の商品，電柱などにぶつかることがあります．点字ブロック上に物が置かれていて困ることもしばしばです．

(2) 電車に乗る際のバリア
・駅構内には点字ブロックと点字案内表示がありますが，混雑した構内を音声案内付き券売機までたどり着くのは一苦労です．
・料金表がよく見えないと金額は分からないので，最低額の切符を買っておいて，到着駅で精算する人もいます．
・転落のおそれがあるホームは視覚障害のある人にとって最も危険な場所です．

2.1.3 会場内の移動
会議や講演会，セミナーは，公共施設などで開かれることが多いと思います．このような施設は敷地が広く，建物も大きいため，施設内の案内が必要です．そこで，会場となる建物・部屋までの経路を示す案内の紙を貼ることが多く，全盲の人はもちろん，弱視の人にとっても，案内の紙を見つけることが困難です．

図 2.1　会場の張り紙を見つけられず困っている人

2.1.4　会議・講演資料の読み書き

　印刷物を読むことは，視覚障害のある人が苦労する作業の最たるものです．弱視の人の場合，手元配布資料の読みやすさは障害の程度に応じて変わりますが，スクリーンを見やすくするために会場を暗くした場合，視覚に障害のない人よりもはるかに見えづらくなります．特に急に暗くなった場合，暗さに順応するのに時間がかかったり，順応できなかったりします．

　全盲の人は，一般の印刷物をそのままでは読むことができません．このため，点字・録音・電子テキストなど別の媒体の資料を使います．

　電子ファイルはパソコンを利用できる人にとって便利な媒体です．音声・点字・拡大表示など自分に適した提示媒体と条件を選べます．最近では会議・講演資料を点訳や音訳せずに電子ファイルのまま視覚障害のある人に渡すことも増えています．そんな便利な電子ファイルにもいく

2. バリアのある会議・プレゼンテーションの現状

つかのバリアがあります．

マイクロソフト社の「Microsoft Word」やジャストシステム社の「一太郎」などの一般的なワープロソフトで作成されたファイルはスクリーンリーダーでアクセス可能となっています．ただし，スクリーンリーダーの種類やバージョンによってはアクセスしづらい場合があるので注意が必要です．また PDF ファイルは既に述べたようにアクセス上の問題を含むことがあります．

最も確実にアクセスできるのはテキストファイル形式です．しかし，このテキストファイルも，理解のしやすさの点で若干のバリアがあります．その一つが機種依存文字です．丸囲み数字やローマ数字などが例として挙げられます．音声化／点字化したときには正しく変換されないこともあります．

見出し項目の見た目の体裁を整えるために，文字列の間に空白を入れて幅を持たせる手法もバリアとなります．文字列に空白が含まれていると，支援ソフトは空白の箇所で単語が区切れたと判断して音声化／点字化してしまいます．4.2.1 資料作成のガイドラインの(4)に例を示します．

表は分かりにくいものの一つです．表の概要を説明する文章があると視覚障害のある人にとって理解しやすくなりますが，複雑な表では，文章を読み上げられても分かりにくくなるのが現実です．

図はスクリーンリーダーでは読み上げられませんので，文章による説明がなかったり，「システムを図に示す」とだけ書いたりしたのでは，視覚障害のある人にはまったく分かりません．

点字印刷，拡大印刷，電子ファイルなどの代替媒体を提供しても，視覚に障害のない人が目で読むのに比べると，いずれも長い時間がかかる

のが一般的です．代替媒体による資料を当日，会場で受け取っても，それを短時間ですべて読むのは大変です．

次に，視覚障害のある人が会議や講演会の資料を作るときのことを考えてみましょう．文章自体はパソコンとスクリーンリーダーや画面拡大ソフトを使ってほとんど問題なく作ることができます．しかし，文を読みやすくするためにレイアウトを整えたり，フォントの種類やサイズを変えたり，色を使ったりすることは困難です．また，図や表を作ることも難しく，サポートが必要です．

2.1.5 プレゼンテーション画面

全盲の人はプレゼンテーションの画面を見ることができないので，言葉だけで話が伝わらないような講演は問題です．図やグラフのように視覚的なデータの説明を「このようになります」と言いながら指し示すだけでは内容がまったく伝わりません．

弱視の人が，短時間で切り替わるプレゼンテーション画面から情報を読み取るのはかなり難しいでしょう．このため，言葉だけで内容を理解できない講演がバリアとなるのは弱視の人にとっても同様です．

プレゼンテーションのスライドを作る際は，近視や乱視のため見えづらい人，会場の後方に座っている人，色覚障害のある人にとっての見やすさも考慮すべきです．使用する文字サイズは概ね 24 〜 40 ポイントを使用して，文字が小さいことで読みづらくならないよう配慮します．その上，表示した内容をすべて説明することなく，「結果はこの通りです」と話すような講演は問題があります．

色の違いだけで情報を区別させようとすると，色覚障害のある人にはバリアとなります．とはいえ，特定の内容を強調したい場合や，グラフ

の中で種類の異なるデータを示すためプロットの色を変えなければならない場合もあるでしょう．そのような際は，言葉による説明が欠かせないでしょう．

視覚障害のある人がプレゼンテーションのスライドを作るのは，困難で，サポートが必要です．

(注1)　Portable Document Format の略．アドビ社が開発した，電子上の文書に関するファイルフォーマット．ソフトウェア環境に左右されずに同じように文書や画像を閲覧できる．
(注2)　音声やベクター方式のアニメーションで Web コンテンツを作成するソフトの形式．
(注3)　Hyper Text Markup Language の略．Web ページを記述するためのマークアップ言語．

2.2 聴覚障害のある人の場合のバリア

聴覚障害は，先天性あるいは後天性いずれかにより聴覚が損なわれた状態を指します．つまり，耳が「聞こえない」，「聞こえにくい」，「聞き分けられない」ということです．日常のコミュニケーション手段として「音声」言語が当たり前のように用いられる環境の中では一般の人が想像する以上に重い意味を持っています．

例えば，自分がまったく知らないかあるいは知っていても充分には使いこなせない言葉が日常的に話されている国へ海外旅行に行ったと想像してみて下さい．

・空港や駅のホームなどでの放送の内容がよく分からない．
・お店やレストランに行ってもお互いに言いたいことが通じない．
・テレビやラジオをつけても，何を言っているかよく分からない．

などなど，音声によるコミュニケーションができないためにほぼあらゆる局面において非常に困った状況に陥ることになるはずです．これがま

さしく，程度の差はあってもすべての聴覚障害のある人が日常的に経験していることです．それ故に聴覚障害のある人が視覚障害のある人とともに「情報障害者」と呼ばれるわけです．

図2.2　音の内容が分からないため困っている聴覚障害のある人

　会議や講演会に参加し，発表する場面では「音声」でのやりとりがメインになります．したがって，前述のとおり音声でのコミュニケーションに問題を抱えている聴覚障害のある人が参加していくには数多くの問題が生じてきます．以下に，主な問題を挙げておきます．

(1)　聴覚障害のある人が聴講する場合
　講演者の話していることが聞き取れず内容をつかめません．補聴器・人工内耳などである程度聞こえる聴覚障害のある人でも，周囲で騒音が

生じたりマイクやスピーカーを通したりした場合には聞き取りの精度が著しく低下するのが普通です．音声だけでなく講演の予稿や発表時のスライドなども有効な情報ですが，予稿と異なる内容やスライドに書いていないことを話されたりした場合はほとんど聞き取れずお手上げとなります．

(2) 聴覚障害のある人自らが講演，発表を行なう場合

聴覚障害のある人は，普通に発話できる人からほとんど不可能な人まで様々です．程度の差はあるのですが，一般的にいって発声に何らかの困難を抱えることが多いため，自分自身の発表内容を伝えるのに苦労するケースがほとんどです．また，講演には通常時間制限があり，「あと○分」など残り時間をベルで知らせたりします．しかし，聴覚障害のある人の多くはベルの音が非常に聞き取りにくいために残り時間の把握ができず，つい時間超過してしまう場合もあります．

さらに，講演の場合には自分が一方的に話すだけでなく質疑応答など双方向的なやりとりが重要になります．聴覚障害のある人には相手の質問が聞き取れずに何度も聞き返したり，質問の意図を正しくつかめずに適切な回答ができなかったりすることがあります．

(3) それ以外（懇親会など）の場合

参加者同士の交流，例えば休憩時間中の意見交換や懇親会などでの親睦なども重要です．しかし，音声ベースでのコミュニケーションに問題を抱える聴覚障害のある人がこのような場に参加することは難しいものです．

他にも，受付時のコミュニケーションが取りにくい，場内アナウンス

が聞こえないなど，多くのバリアが存在します．

　聴覚障害のある人が会議などに参加していく上でのこうした問題をクリアしていくためには，従来は「個人の努力・工夫」によるところが大でした．例えば，

- 発表の際，司会者にあらかじめお願いして質疑応答の際に筆談してもらう．
- プレゼンテーションのスライドや資料など視覚的な手段を充分に活用する．
- 手話通訳やノートテークの手配を行なう．

などです．前述したとおり，会議などにおいては自らが発表する一方向的なものだけでなく，他の発表を聴講し，質疑応答にも参加していくなど双方向的なかかわりが重要となってきます．手話通訳やノートテークを手配することが現時点では最も有効な手段といえます．とはいえ，手話通訳やノートテークなどの手配にあたっても，以下に述べるように聴覚障害のある人個人の努力だけでは解決できない問題が数多く存在します．

- 手話通訳や要約筆記などの情報保障は，公的派遣の対象から外れていることが多く，経費負担の問題が生じる．
- 開催場所が自分の地元以外の場合，情報保障の手配を行なおうとするとかなりの労力を要する．
- 学会などのような高度な専門的内容に対応できる人材（手話通訳など）が限られる．
- 会議や講演会で情報保障を手配する場合には，あらかじめ時間帯や部屋を指定する．しかし，大規模な大会などでは，テーマに応じて部屋を移動して聞きたいというケースもある．現状では，手話通訳

や要約筆記がこうしたニーズに柔軟に対応することは困難である．

以上で述べたように，聴覚障害のある人が参加していく上で生じる様々なバリアを完全に解消していくためには主催者側でのサポート体制の整備なども必要になってきます．しかし，こうした体制の構築にはまだまだ時間がかかることも大きなバリアといえます．

2.3 肢体不自由の人の場合のバリア

肢体不自由は，病気や事故によって手足や体幹が不自由となった状態です．発話の障害を伴っていることもあります．手や足が使えない，随意にコントロールできない，あるいはうまく発話ができないなどから，会議に参加したり，プレゼンテーションを行なうときには次のようなバリアがあります．

以下は，手，足，発話の不自由さによって分けて書いてありますが，これらの不自由さを重複している場合も多くあり，困難さは単にそれぞれの足し算ではなく，重複していることによる問題が追加されます．

2.3.1 足が不自由な人の場合

足が不自由で，歩きにくい，あるいは歩けない人は多くの場合，杖，義足，下肢装具（脚をささえたり，補強したりするもの），車椅子（手動，電動）を利用しますが，例えば次のような不便さ，困難さを生ずることがあります．

(1) 会議などが開かれる建物へのアクセス，建物の中での移動の際の問題
　・バスや電車，飛行機の乗り降り

最近はずいぶん楽になったとはいえ，事前に連絡が必要だったり，ときには充分なサポートが得られなかったりすることがあります．

- 低床バスなどの利用時刻

　　事前に時刻表を調べておく必要があります．低床バスの時刻が会議などの開始時刻と合わないと，遅刻したり，早く着きすぎたりしてしまいます．

- 階段，段差，でこぼこ道，坂道，障害物

　　エレベータがなく階段だけだと，車椅子の人は自分では移動できません．段差は2cm以上あると乗り越えることが難しくなります．松葉杖などで歩く人は，つまずきやすく，転んでしまうことがあります．車椅子でのエスカレータ利用は危険です．

　　歩く距離が長かったり，急な坂道，長い坂道があると，電動車椅子でのバッテリーの消耗が激しくなります．手動車椅子では自分で動く場合も介助者が押す場合も疲れます．5%以上の急な坂道は車椅子では移動しにくくなります．急な坂道ではなくても，長い道のりになると問題になります．

　　さらに，グレーチングと呼ばれる排水路の格子状の溝蓋の格子の目が大きいと車椅子の前輪が落ちてしまう危険性があります．

- 荷物や傘

　　特に大雨，大雪，大風の日には行きづらくなります．

- 駐車場

　　駐車場が無かったり，遠くて行きづらいことがあります．

- 信号，遮断機

　　渡っているうちに信号が赤になってしまったり，遮断機が閉まってしまうことがあり危険です．

2. バリアのある会議・プレゼンテーションの現状　27

図2.3　車椅子への配慮が足りない部屋

・廊下や通路

　車椅子の走行には，90cm以上の幅が必要です．狭いと壁にぶつかってしまったり，すれ違う人と接触してしまったりします．

・部屋の入り口

　車椅子で入るには最低80cmの戸口が必要です．

・エレベータのボタン

　エレベータのボタンの配置によっては，車椅子からは上のほうのボタンに手が届かず，押すことができません．

・ドアの開閉

　手前に開くドアは，開けるときに車椅子を後ろに下げなければならず，開けるのが難しいことがあります．また力が入りにくいので重たすぎると開けるのが難しくなります．

・登壇

　　登壇して発表するとき，段があると上がれません．

(2)　会場内での問題
・建物入り口の受付のカウンター

　　高すぎると，車椅子からは入館票の記入ができません．
・固定の机，椅子

　　机や椅子が床に固定されていると，狭くて車椅子で席に着けないことがあります．
・机の高さ

　　低いと，車椅子の肘掛が机の下に入らず，机に充分手が届かないので，字が書きにくかったり，資料が読みにくかったりします．
・車椅子の位置や席

　　決められてしまっていると，好きなところに座れません．車椅子を降りて普通の椅子に座るとき，車椅子の置き場がないこともあります．

(3)　機器，設備の利用の際の問題
・車椅子用トイレが使えない

　　車椅子用トイレを一般の人に使わせないためか，鍵がかかっていて，いちいち頼まないと使えないところがあります．建物に一つしかない場合も多く，別の階まで行かなければならないのは辛いものです．普段使わないため掃除されていなかったり，トイレットペーパーが無かったりする場合もときどき見かけられます．
・自動販売機の種類によっては，車椅子からコイン投入口や選択ボタ

ンに手が届かない．

(4) 安全面の問題
・車椅子で使える避難通路や避難器具
　　一般の建物では避難通路は階段を使うものが多く，車椅子では通れません．また普通の避難器具は車椅子から降りないと使えません．また，障害のない人の避難の流れに乗ってすばやく移動するのは困難です．押し倒されて怪我をしたりしてしまう可能性もあります．

2.3.2 手が不自由な人の場合

手や指，あるいは腕全体が不自由な人の場合，物をつかむこと，手で意思を表現すること，字を書くこと，設備や機器を使うことなどに困難があり，会議などでは次のようなことが問題になります．

(1) 移動の際の問題
・ドアの開閉
・荷物の持ち運び
・傘の利用

(2) 会議やプレゼンテーションの場での問題
・メモ，板書などの手書き筆記
・資料のページめくり
・パソコンなどの備え付けの機器の操作
　　手でパソコンのキーボードを押せない人は，呼気スイッチや専用入力装置などを使って操作します．それらの装置は備え付けのパソ

コンなどにはすぐには付けることが難しいので使うことができません．
- 指差し，挙手

(3) 安全面での問題
- 避難用具の利用

2.3.3 発話，発声が困難な人の場合

脳性まひの人や，声帯を摘出した人，気管切開をして人工呼吸器をつけている人，強い吃音のある人，その他何らかの原因で発話が困難な人は，意見の発表やコミュニケーションが問題となります．

(1) 移動の際の問題
- 問い合わせ，連絡
   道を尋ねられない，遅刻などの連絡ができないなどの困難さがあります．

(2) 会議やプレゼンテーションの場での問題
- 充分な意思の伝達
   発話がすぐにできない，スムーズにできないために，充分に意思を伝えることができなかったり，発言のタイミングを逸してしまったりすることがあります．

(3) 安全面での問題
- 体調不良などの連絡

・緊急連絡先などの連絡

2.3.4 その他

設備がバリアフリーになっていても，周囲の理解が無いとバリアは無くなりません．例えば，車椅子用駐車スペースに一般車を停める，介助犬の入館を拒否する，車椅子が邪魔だと言う，などがバリアになります．

コラム：学習障害のある人にとってのバリア

学習障害は発達障害の一つとされています．文部科学省では，知的な発達の遅れはないものの，聞く・話す，読む・書く，計算する・推論する能力のうち特定のものの習得と使用に著しい困難があり，それが他の身体障害や環境的要因を原因としないものと定義しています．

学習障害の中でも頻繁に取り上げられるのが読字障害です．読字障害の人は，音声を聞いて理解することには問題がないものの，文書を視覚的に読んで理解することが苦手です．このため，会議や講演の会場で当日受け取った資料を，講演の前や合間の短い時間に読んで理解するのは難しいでしょう．プレゼンテーション画面を比較的短い時間で切り替えていくと充分な理解を得にくいので，言葉で充分に説明することが望まれます．

読字障害の人は書字表出障害を伴うこともしばしばです．このため，講演を聴いて話を理解しても，話の内容をメモするのが苦手です．

第3章
情報保障の方法

会議・プレゼンテーションの
バリアフリー

3. 情報保障の方法

前章で述べたように，障害のある人が会議や講演会などに参加し，聴講したり発表したりするときにはいろいろな困難，問題点があります．そして，特に会議や講演会での情報の授受やコミュニケーションに関することがらが多いことが分かりました．また移動にもバリアがあります．この章ではそれらの困難，問題点に対して，一般的にどのような対応方法があるかを述べます．

3.1 視覚障害のある人の場合

視覚障害のある人への情報提供媒体として点字，拡大表示，録音図書，電子テキストファイルがあります．電子テキストファイルは，受け取った側でパソコンを利用して，自由にいろいろな方法でその情報を読めるようにするためのものです．

3.1.1 点字

(1) 点字とは

視覚障害がある人が触って読む文字として広く知られているのが点字です．点字は19世紀前半にフランスで考案され，日本には19世紀後半に導入されました．現在の日本語の点字表記法が定まったのは1890（明治23）年です．

点字「1マス」の中には縦2列，横3行合計6箇所の点位置があります．このうちの1箇所以上に点を打ち，その組み合わせによって個々の文字を表します．点字1マスが仮名文字の1字に対応しますが，濁音，半濁音，促音，拗音は，これらを示す「濁音符」「半濁音符」などの前置符を置いて，1文字を2マスで表します．

漢字仮名交じり文を点字に訳すときは漢字を仮名に読み下します．すると言葉がつながって読みづらいので，文節ごとに切り分けて，そこに空白を1マス入れる「分かち書き」をします．このため，点訳された文章のマス数は元の漢字仮名交じり文の1.5倍以上に増えます．ただし，増加率は漢字の割合によって変わります．

　点字は6点の組み合わせなので，最大でも63種類の文字しか表せません．このため，数字やアルファベットにも仮名と同じ点字が使われます．それらを区別するため，「数符」と「外字符」を使って，数字やアルファベットを表す範囲を示します．ほかに楽譜や数学記号，情報処理用の記号なども点字で表すことができます．

　点字に熟達した人であれば，一般の人が音読するのと同じくらいの速度で読むことができます．例えば，漢字仮名交じり文で300〜400字／分程度の速度です．通常の文書を目で読むのと比べて遜色はないといえるでしょう．中途失明した人の読み速度はこれより遅くなる傾向があります．図3.1に点字を手で読む様子を示します．

(2)　点字文書の作成方法

　点字文書の作成方法は，パソコンの登場で大きく変化しました．

　パソコン登場前の点字文書の作成作業は，元の文書を点訳し，点字器または点字タイプライタを使って紙に点字を打ち出すというものでした．点字器では，点筆という点字専用の針で点字器に挟んだ紙を上から突いて物理的な突起を作ります．このため，間違って打ったときの修正作業が大変です．

　パソコン，点字編集作成ソフト，点字プリンタの普及により，点字文書の作成は格段に効率的になりました．これらの機器を使う利点は，修

図 3.1　点字印刷物を手で読む様子

正と複製が簡単なことと，自動点訳もできることです．点字文書作成のためのソフトには，点字編集ソフトと自動点訳ソフトの2種類があります[注1]．

　点字編集ソフトでは，キーボードから6点点字またはローマ字，仮名，英数の文字入力を行なうことにより，自動的に文字を点字の形に変換して，点字文書を作成します．入力した文字と変換された点字を，画面や音声で確認しながら，点字ファイルを作成します．点字ファイルは，点字プリンタで印刷したり，点字ディスプレイで表示させたり，音声で読み上げさせたりできます．

　自動点訳ソフトは，漢字仮名交じり文書を，分かち書きした点字データに自動的に変換したり，点字データを点字プリンタで印刷したりします．高い精度で点訳を行ないますが，100％ではありません．このため，正しく，読みやすい点訳のためには，点訳のルールに精通した人が誤変

換のチェック，マスあけ，レイアウトなどを校正することが肝要です．また，点字プリンタの価格は数十万円と高価なため，だれもが所有することができません．このため，作成できる人，団体，業者が限られる上に，作成に時間がかかるという問題があります．

(3) 図，グラフ，写真，表の点訳

　図，グラフ，写真を，線などを凸状に浮かび上がらせて触って分かるようにした「触図」で表現して視覚障害のある人に伝える方法があります．触図の作成には，特殊な発泡紙を使う方法，紫外線硬化樹脂を使う方法，点字プリンタ（点図プロッタ）で連続した点を打つ方法（点図）があります．

　パソコンで点図を作成するには，点図作成ソフト[注2]を用います．一般的な描画ソフトと同様な操作で，直線や曲線を連続した点で描いたり，面内を点の並びで埋めたりします．図に点字を挿入することもできます．

　しかし，触覚のみでは全体の読み取りに時間がかかる上に，視覚ほど細かい部分まで読み取ることはできません．このため触図は，さわって理解しやすいように，元の図，グラフ，写真を簡略化して作ります．この簡略化には技術と経験が必要です．また，触図の理解を助けるために，本文や図のキャプションに図の内容を説明する文章も添える必要があります．さらに，触図を利用する人も，触察への慣れが必要です．

　点字の表は点字編集ソフトや自動点訳ソフトと点字プリンタで作成できます．しかし，点字用紙1ページに収められる点字の表の大きさには限りがあり，また，読み取りにも時間がかかるなど課題が多いため，会議やプレゼンテーションの資料では，図や表の点訳はあまり行なわれていないのが現状です．

(4) 点字印刷物の問題点

　点字印刷物の厚さ，枚数の多さも実際的な問題の一つです．例えば，1ページ当たり約1,000字の原稿を10ページ点訳すると，おおざっぱに言って，点字用紙30ページ，厚さ1cmにもなります．この厚さ，枚数の多さは，点字資料提供側と利用側の双方にとって負担となります．このため，点字で用意する資料は，会議や講演のプログラム，概要程度にとどめておくのがよいでしょう．**図3.2**に，半日開催の講演会のプログラムと概要の点字版を示します．厚さが1cmほどになります．

　保存や郵送のときに点字がつぶれないように注意することも必要です．

　点字印刷物の資料がかさばるので，スクリーンリーダーや点字ディスプレイで読むために，資料の電子ファイル（テキストファイルや点訳データ）を提供を希望する人もいます．

図3.2　半日開催の会議のプログラムと概要の点字版

3.1.2　拡大表示

　弱視の人の見え方は様々ですが，文字と背景のコントラストをつけて，大きな文字，線の太いフォントにすることで見やすさを改善できます．

　概ね視力が 0.1 以上の比較的よい人は，携帯用のルーペなどの弱視レンズを使うことで，通常の資料を読むことができます．弱視レンズは，その形状から卓上型，手持ち型，眼鏡型に分けられます．卓上型は資料の上に安定して置くことができます．弱視レンズの利用者は，自分の視機能に合ったレンズを携行しています．弱視レンズの倍率は 2 〜 10 倍です．高倍率のレンズは画像が暗く視野も狭くなりがちです．このため，高倍率を得るには拡大読書器を使います．図 3.3 と図 3.4 に，それぞれ手持ち型と携帯用のルーペを示します．

図 3.3　手持ち型ルーペ（株式会社トラストメディカル提供）

図 3.4　携帯用ルーペ（株式会社トラストメディカル提供）

　拡大読書器は，カメラで捉えた映像を拡大して画面に表示する弱視者用の機器です．拡大読書器の利点としては，高倍率が得られる，視野が広い，色の調節ができる，といった点が挙げられます．特に色の調節は，弱視レンズでは得られない機能です．弱視の人には，背景を黒色，文字を白色とした白黒反転表示で見やすくなる人もいます．拡大読書器は卓上型と携帯型に分けられます．図 3.5 と図 3.6 に，それぞれ卓上型と携帯型の拡大読書器利用の様子を示します．手持ち型は携帯型に比べて高拡大率を得られます．液晶ディスプレイを組み込んだ携帯型の拡大読書器が普及しつつあります．

　比較的高価なためか，拡大読書器を貸し出している機関や施設は現在のところまれですが，今後望まれるサービスとなることでしょう．

　なお，3.1.4 で述べるように，電子テキストファイルを使えば，画面拡大ソフトを使って，画面の一部を任意の倍率に拡大して読むことができます．

3. 情報保障の方法　　　　　　　　**41**

図 3.5　卓上型拡大読書器を使って資料を読む様子

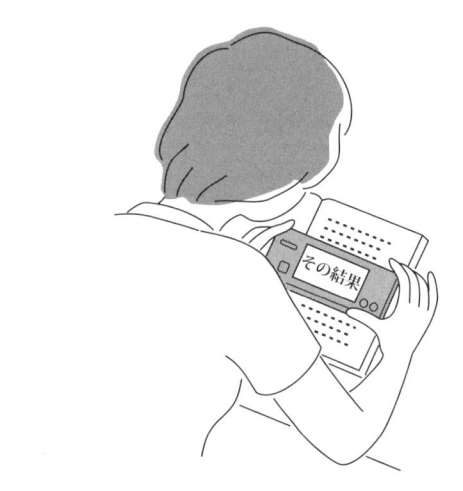

図 3.6　携帯型拡大読書器を使って資料を読む様子

　紙媒体の文字そのものを拡大する情報保障手段が拡大印刷です．パソコンとワープロソフト，それに通常のプリンタがあれば作ることができます．作成には，点字ほど高度な専門知識を必要としないため，講演会

の直前に資料に変更があった場合も，プリンタさえ周囲にあれば対応ができます．

拡大印刷の書式の参考として，弱視児童向け拡大教科書で用いられている設定を紹介します．矯正視力 0.1 程度の児童による利用を想定した設定は，文字の大きさ 22〜26 ポイント，行送り 33〜40 ポイントで，フォントはゴシック体です．この設定で印刷するとページ数は増えます．この本のように 1 ページ当たり約 1,000 字の原稿 10 ページを，22 ポイントのゴシック体，行送り 36 ポイントで拡大印刷すると，倍に近い 19 ページになります．講演の会場で利用することを考えると，プログラムと概要程度にとどめるのがよいでしょう．図 3.7 に，講演会プログラムの通常版と拡大印刷版を示します．

なお，拡大印刷と同様な作業を，パソコンを使わないで行なう「拡大写本」という提供手法もあります．これは，元の資料を見ながら，大き

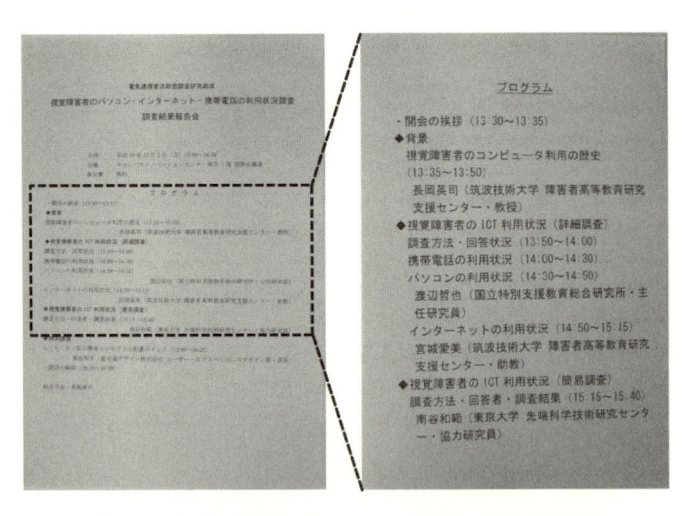

図 3.7　講演会プログラムの一般版と拡大印刷版

な文字で手書きしていく手法で，拡大教材を作るためボランティアの間で用いられています．すべて人手によるので，作成には手間と時間がかかります．なお，コピー機の拡大機能を使う方法もあります．

3.1.3 音訳

音訳とは，原稿をアナウンサーや朗読ボランティアが読み上げて録音し，録音図書を作ることです．これまで，媒体にはカセットテープを用いていました．現在では，DAISY 形式の CD や MP3 形式のデジタル録音図書が主流になりつつあります．DAISY（Digital Accessible Information SYstem）とは，普通の印刷物を読むことが困難な人々のためのデジタル録音図書の国際標準規格です．DAISY 形式の録音図書を聞くには，図 3.8 に示すような専用の再生機や，パソコンで再生させるた

図 3.8　DAISY 再生機

めの専用ソフトを使います．MP3 ファイルの再生には，汎用の MP3 プレーヤやパソコンで再生させるための専用ソフトを利用します．カセットテープからデジタル録音図書へ移行したことで，読みたい箇所を探しやすい，繰り返し使っても音質が劣化しない，というメリットが得られるようになりました．

　音訳は，熟達した人が行なう必要があります．また，資料を一通り読み上げるには長い時間がかかります．このため，講演資料の情報保障手段として録音図書が提供されることはまれです．提供されたとしても，講演者の音声と録音図書は同じ聴覚情報なので，両方を同時に聞いて理解するのは難しいでしょう．

3.1.4　電子ファイル

　これまで紹介してきた点訳，拡大印刷，録音図書は，いずれも情報保障の提供者側が媒体の変換作業を行ないます．一方，電子ファイルがあれば，この変換作業を視覚障害のある人自身が行なえるようになります．

　スクリーンリーダーを使えば，テキストファイルやワープロソフトで作成した文章を音声で聞くことができます．行，段落，ページ単位で読み上げ位置を制御して読みたい箇所を探す，テキスト検索するなど，デジタルデータのメリットを活かせます．スクリーンリーダーは，文書を読み上げるだけでなく，GUI (Graphical User Interface) 上のアイコンをはじめ，実行しているソフト上でファイルを開く／保存するなどのメニュー，コマンド，ボタンやリストボックスなどのテキスト，各種メッセージなど，様々な情報を合成音声で読み上げます．このように，スクリーンリーダーを使うことで，視覚障害のある人は，ワープロなどのアプリケーションソフトを利用したり，Web を閲覧することができます．

Webコンテンツの閲覧に特化して操作性を向上させた音声 Web ブラウザもあります．

　点字出力機能のあるスクリーンリーダーでは，点字ディスプレイをパソコンに接続すれば，スクリーンリーダーが読み上げるのと同じ内容を点字で読めるようになります．音声だと聞き逃してしまうこともありますが，点字だと確実に読むことができます．利用者つまり視覚障害のある人が自分で点訳ソフトや点字編集ソフトを操作して，点訳と点字印刷することもできます．スクリーンリーダーは全盲の人だけでなく，弱視の人も利用しています．

　画面拡大ソフトでは，自分の見やすい色や拡大率などの条件を設定できます．

　情報保障提供者にとっても，電子ファイルが利用できれば媒体変換作業が楽になります．

　この様子を図 3.9 に示します．上側の図(a)に示すように，元の文書が印刷物の場合，人が介在し，多大な労力をかけて，点字，拡大文字，録音物と，それぞれの媒体に変換していました．これに対して，下側の図(b)に示すように，電子ファイルが提供されれば，利用者が支援ソフトを使って主体的にデータを操作できます．代替媒体の作成もパソコンを活用して省力化できます．

　2.1.1 で述べたように，電子ファイルの提供にかかる技術的な問題点は，ファイルの種類によってはスクリーンリーダーで読めないものがあることです．

　電子ファイルを利用しようとするときの実際的な三つの課題を次に示します．

　一番目の課題は，資料の著者が情報保障の必要性を理解することです．

資料が印刷物で提供された場合 (a)

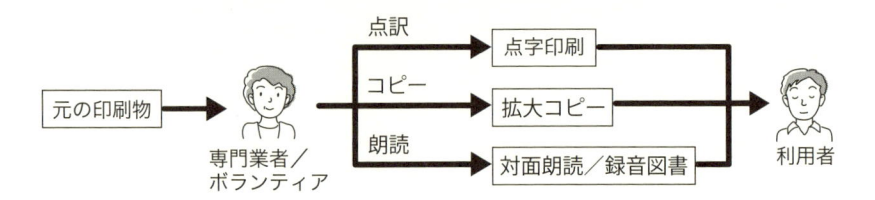

元の印刷物 → 専門業者／ボランティア
- 点訳 → 点字印刷 → 利用者
- コピー → 拡大コピー → 利用者
- 朗読 → 対面朗読／録音図書 → 利用者

資料が電子ファイルで提供された場合 (b)

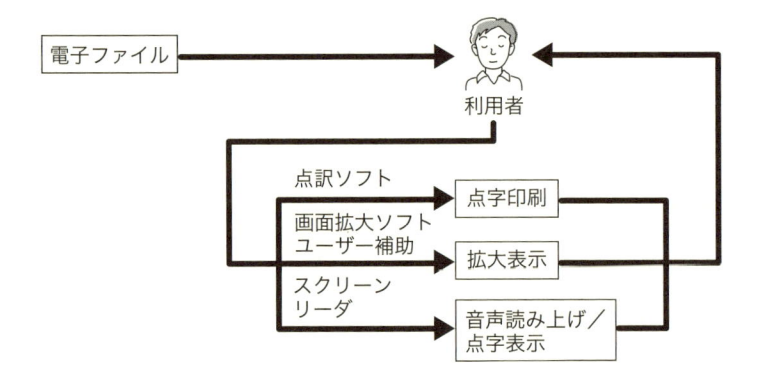

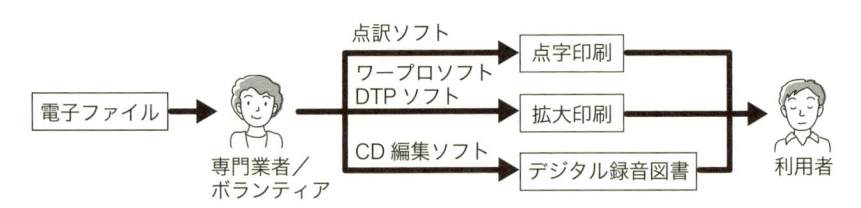

電子ファイル → 利用者
- 点訳ソフト → 点字印刷 → 利用者
- 画面拡大ソフト／ユーザー補助 → 拡大表示 → 利用者
- スクリーンリーダ → 音声読み上げ／点字表示 → 利用者

電子ファイル → 専門業者／ボランティア
- 点訳ソフト → 点字印刷 → 利用者
- ワープロソフト／DTPソフト → 拡大印刷 → 利用者
- CD編集ソフト → デジタル録音図書 → 利用者

図 3.9　元の文書が印刷物で提供された場合と，電子ファイルで提供された場合の比較

理解が得られなければファイルの受け渡しのステップに進めません．

　二番目の課題は，提供できる日程です．資料が技術的に新しい内容を含んでおり特許取得を目指している場合，先願主義の日本において資料の公開日は大変重要な意味を持ちます．このため，著者側にとっては公開日より前に受け渡しをすることは難しくなります．公開日が会議や講演会などの当日であった場合は，資料を読む時間が限られてしまうため，電子ファイル提供のメリットを活かせません．

　三番目の課題は，ファイルの受け渡しにかかる手間です．講演者に個別に提供依頼をするのは手間と時間がかかる作業です．講演資料提出がオンラインシステムで管理されていれば，情報保障のためのファイル利用の同意をあらかじめ得ておくことで，提供依頼の作業を省略できて便利です．更に利用者への提供方法もオンラインで行なえば，媒体の送付作業を省けます．

3.1.5　プレゼンテーション

　会議や講演で使われるスライドや Microsoft PowerPoint などで作成されたプレゼンテーション用資料は，文字のサイズを大きくする，配色に配慮をすることによって，視覚障害や色覚障害のある人にも分かりやすくすることができます．

　スクリーンを見ることができない重度の視覚障害のある人に対しては，画面に表示されているものを口頭で分かりやすく説明することで，完全ではないにしても必要な情報を伝えることができます．図や写真，表などは口頭で表現するのは難しいのですが，少なくとも何の図があるのか，どういうものなのか，を説明すれば，ある程度は状況を伝えることができます．そのほか，「ここ」「あれ」などの指示代名詞は使わない

ようにするなどの配慮も必要です．

これらについては 4.2.2，4.2.3 で更に詳しく述べます．

3.1.6 移動

視覚障害のある人の移動支援については，事前に地図や会場の配置を，知らせておくこと，ガイドの人を付けることなどが有効です．

(注1) 点字編集ソフトとしては Win-BES，ブレイルスター，点字編集システムなどが利用されています．自動点訳ソフトには，EXTRA，IBUKI-TEN，ブレイルブリッジなどがあります．
(注2) 点図作成ソフトには例えば EDEL などがあります．

コラム：スクリーンリーダーの仕組み

スクリーンリーダーはコンピュータの基本ソフトやアプリケーションに介入してプログラムの動作に連動して関係する情報を音声や点字で出力します．Windows 以前のスクリーンリーダーでは，キーボードなどのユーザの操作による入出力の割り込みを検出するとともに，テキストデータを表示するメモリ上の文字の内容やサイズ，フォントなどの属性の状態変化を監視することにより，それに対応する文字情報をコンピュータの基本ソフトから取得し音声や点字で表示していました．

これに対して Windows 用のスクリーンリーダーは，GUI の画面情報を取得し，GUI 画面に表示されている部品の種類や名前，位置を解析してオフスクリーンモデル（off screen model）という画面に依存しないテキストベースの論理的なデータ構造を作成します．GUI の画面情報は，マイクロソフトが Windows に標準で装備

しているアクセシビリティのための API や文字情報や画像などを画面に出力するデバイスドライバである GDI（Graphical Device Interface）と呼ばれるインタフェースを利用して取得します．このオフスクリーンモデルをもとに，ユーザの操作に対応して取得情報を音声や点字で出力するというプロセスを行なっています．ここで，API：Application Programming Interface とは，ファイル制御，ウィンドウ制御，画像処理，文字制御といった共通的な制御をアプリケーション内で簡単にプログラムできるように準備されたインタフェース関数です．

現在利用されているスクリーンリーダーの画面情報の取得方式は大きく二つに分かれます．

一つは，アクセシビリティ機能を持った API を利用して画面情報を取得する方法です．このタイプのスクリーンリーダーには，PC-Talker や XP Reader などがあります．

もう一つは，API だけではなく，GDI において，文字情報を書き込む処理を監視して画面に表示される内容を取得したり，個別のアプリケーションのデータ構造を解析して音声や点字出力で閲覧しやすい構造に変換するなど，アプリケーションや基本ソフトの処理に介入して情報を取得する方法です．この方式は画面の変化を常時見ているので，画面のほとんどを読み上げることができます．このタイプのスクリーンリーダーには，JAWS for Windows や Window Eyes などがあります．

Web の閲覧はスクリーンリーダーでもできますが，操作性や機能は音声 Web ブラウザの方が優れています．しかし最近では DHTML（Dynamic Hyper Text Markup Language）や PDF, Flash

などグラフィックを中心とする多様な表示形式が開発され，その進歩は日進月歩です．これらにより，視覚障害者の Web アクセスが再び困難になる可能性が出ています．

このような急速な変化に対応して，アクセシビリティを確保するための研究開発が行なわれていますが，支援機器の開発を考慮した表示形式やアプリケーション開発が行なわれない限り，対応には限界があります．

長い技術的な蓄積により，GUI や Web に対する視覚に障害のある人へのアクセシビリティは確実に進歩してきました．しかし，スクリーンリーダーがすべてのアプリケーションの操作を読み上げることができるわけではありません．また，視覚に頼らない操作がどうしても難しいアプリケーションもあります．このため最近では，電気的に上下に駆動できる微小なピンを面内にびっしり並べて，図やグラフなどを凹凸で表示し，ユーザが触れることができる触覚ディスプレイが製品化されています．図や表などの視覚的に表される内容を，どのように視覚に障害のある人に伝えていくかは，今後の課題でしょう．

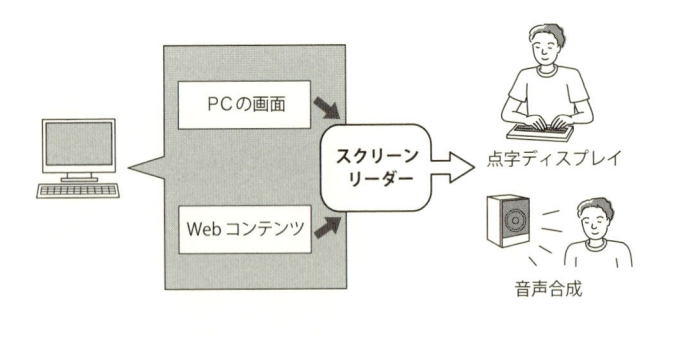

3.2 聴覚障害のある人の場合

聴覚障害のある人への情報保障には，いくつもの方法があります．一般的に，聴覚障害といえば手話を連想することも多いと思います．しかし，手話だけが聴覚障害のある人への情報保障ではありません．聴覚障害のある人には，補聴器などを利用して音や音声を大きくし，残存する聴力を利用してコミュニケーションを行なっている人も数多くいます．文字や文章を利用して情報を伝達する手段もあります．また，口形などから話し手の発話を推測する読話あるいは口話をコミュニケーションの補助手段として利用している人もいます．本節では聴覚障害のある人に対する情報保障の方法について紹介していきます．

3.2.1 手話

(1) 手話と手話通訳

手話とは，手や指の形，動きを中心として表情や体の動きなども用いながら視覚的なコミュニケーションを成立させるものです．手話には，大きく分けて「日本手話」と「日本語対応手話」の二つがあります．前者は，日本語とは異なる文法を持ち，主として手や指の形，動きにより単語を，手や指以外の動作や表情などで文法情報を表現しているといわれます．一方，後者は，音声日本語の語順に合わせて手話単語を並べて表現していくものです．どちらも視覚的な手段によりコミュニケーションを成立させるという点では共通しています．しかし，日本手話は，日本語対応手話や日本語とは異なった言語であり，厳密には区別が必要です．また，「日本手話」と「日本語対応手話」の双方の要素が入り交じった手話もあり，中間手話あるいは中間型手話と呼ばれています．コミュニケーション手段としてどの手話を用いるかは，人によってあるいは状

況によって異なります．また，手話には地域差があり，同じ意味の単語でも，表現方法が異なっているものもあります．図 3.10 に「名前」の例を示します．なお，本書で単に「手話」と記されているときには「日本手話」「日本語対応手話」「中間型手話」を含めたものとします．

こうした手話を日常的なコミュニケーション手段として用いる聴覚障害のある人に対して手話通訳は非常に有効です．手話通訳とは，音声言語との相互変換です．具体的には，聴覚障害のある人の手話を読み取り，音声に翻訳して聞こえる人に伝えること，聞こえる人の話し言葉を聞き取り，手話に翻訳して聴覚障害のある人に伝えることです．

英語やフランス語等の通訳者と同様，手話通訳者は単に手話で話ができるだけではなく，通訳者としての相応の専門的知識や技術が必要となります．手話通訳者に関わる資格試験としては，

・手話通訳技能認定試験（手話通訳士試験）

・手話通訳者全国統一試験

・上記以外に地域（市町村や県など）で独自に実施する試験

などがあります．これらのいずれかに合格することで，地域ごとの公的な制度に基づいて手話通訳者として登録し，通訳活動を行ないます．そのため，基本的に，会議や講演会が開催される地域における制度を利用

図 3.10 手話の地域差の例（「名前」の表現：左側が関西，右側が関東）

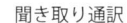

図 3.11　手話通訳の図（聞き取り通訳と読み取り通訳）：左は健聴者が話している内容をその横に立っている手話通訳者が聞き取り，前に座っている聴覚障害のある人に手話で伝えている．右は聴覚障害のある人が表している手話を，前に座っている通訳者が読み取り，マイクで伝えている．

して手話通訳の派遣依頼を行なうことになります．

　先に述べたとおり，手話通訳者の場合は英語やフランス語等の音声言語の通訳者とは異なり，
　　・聞き取り通訳　音声(聴覚)→手話(運動)
　　・読み取り通訳　手話(視覚)→音声(発声)
という質的に異なる作業を行なうことになります．特に，聞き取り通訳の場合には手や腕などを常時動かすことになり，健康上の理由から，複数の手話通訳者が 20〜30 分程度で交代しながら通訳を行なうのが一般的です．

(2) 遠隔手話通訳

　高度な専門的内容に対応できる手話通訳者は限られており，東京や大阪などの大都市に偏在しているのが実状です．特に，地方で開催される会議や講演会において，しかるべきスキルを持った手話通訳者を確保することは困難な場合があります．こうした課題を解決するため，ネットワーク技術を利用した新しい手話通訳技術である「遠隔手話通訳システム」の検討も行なわれています．

　会場での発話内容は，マイクロホンで収音され，遠隔地にいる手話通訳者に伝送されます．手話通訳者は，その内容を手話で表現します．手話の様子はビデオカメラで撮影され，会議場に伝送されてスクリーン上に投影されます．聴覚障害のある人は，その手話映像を見て発話内容を理解するという仕組みです．

　遠隔手話通訳を行なう際には，まず会議場と手話通訳者のいる遠隔地との通信回線を確保する必要があります．また，手話通訳者が会場の雰囲気をつかみやすくするため，会場にカメラを設置し，スライドや発話者の様子，会場の様子などを手話通訳者に見えるようにすることが大切です．このため，通常，市販されているテレビ会議システムなどを利用し，会議場から手話通訳者のいる遠隔地に，発話内容を伝える音声と映像を伝送します．また，遠隔地側の手話は，同じシステムを利用して，会場に伝送されます．

　遠隔手話通訳では，通信回線の不調で，音声や映像が明瞭に表示できない場合があることを留意する必要があります．また，発表者がスライドを見ながら早口や不明瞭な発話をすると，マイクロホンでその発話を明瞭に収音できず，うまく手話通訳できない場合もあります．このような問題が起きる可能性はありますが，会場付近で高度な専門的内容に対

応できる手話通訳者を手配できないときには，遠隔手話通訳は有効な情報保障手段となります．

3.2.2 要約筆記と字幕

文字を利用して情報を伝達する手段の代表例が要約筆記と字幕です．会議や講演会で多く使われるのは要約筆記です．

(1) 要約筆記

要約筆記では，発話内容を要約して文字で伝えます．全国要約筆記問題研究会では，「要約筆記とは聴覚障害者に，話の内容をその場で文字にして伝える筆記通訳のこと」と説明しています．これは中途失聴者や難聴者など，主に手話ではなく日本語を第一言語とする聴覚障害のある人への有効な情報保障手段の一つです．また，手話を母語とする聴覚障害のある人，その他様々な人にも有効な情報伝達手段です．

要約筆記は，文字の入力方式や表示方式で分類されており，筆談，OHP 要約筆記，パソコン要約筆記（PC 要約筆記）などに大別できます．

(a) 筆談による要約筆記

会議や講義などで，聴覚障害のある人の参加者が少数の場合に利用される方式です．大学などの講義を筆記する場合などはノートテークとも呼ばれます．図 3.12 にあるように，要約筆記者（ノートテーカー）が聴覚障害のある人の隣に座り，会議や講義の発話者の発話内容を要約してノートなどに筆記します．聴覚障害のある人は，ノートに書かれた要約文章を読むことで発話の内容を把握することができます．ノートの代わりに小型のホワイトボードなどを用いる場合もあります．必要な道具は筆記用具のみであり，コストがあまりかからない方法です．筆記者と聴

覚障害のある人が一対一で対応する場合もあれば，両隣に座るなどして2名以上で対応する場合もあります．これは広いスペースを必要としない非常に簡便な方法であるため，一般に広く利用されています．

(b) OHP 要約筆記

聴覚障害のある参加者が少数ならばノートテークは有効な方法なのですが，聴覚障害のある参加者が多くなると対応できなくなります．図 3.13 のように OHP 要約筆記は，書いた文章をオーバーヘッドプロジェクタ（OHP）でスクリーンなどに映写し，多くの人へ情報を伝達するものです．話の内容をまとめたものが見られるので，聞きもらしたことが分かるなど，聴覚障害のない人にも役に立つ方法です．

一般的にプレゼンテーションで用いられる OHP シートは A4 サイズですが，OHP 要約筆記では長い帯状（ロール状）の特殊な OHP ロールシートが利用されます．2, 3 人の要約筆記者が OHP の周りに座り，マーカーペンなどを用いて OHP ロールシートに要約文章を筆記します．発

図 3.12　ノートテーク

3. 情報保障の方法

話のスピードに対応するため，OHP ロールシートを引っ張りながら，ある筆記者が書いたものを他の人が修正したり，書き加えたりし，2，3 人が同時に協同して書いていきます．聴覚障害のある人は，OHP からスクリーンに映し出された要約文章を読むことで発話の内容を把握することができます．

OHP 要約筆記の能率を上げるため，長い専門用語やよく使われる用語などにあらかじめ略語や記号を決めておくこともあります．また，事前に講演のスピーチ原稿が入手できる場合には，あらかじめその文章をOHP ロールシートに書いておいて，そのロールシートを映写する，前ロールと呼ばれる方式も利用されています．

なお，目に OHP 光源からの強い光が入ることを避けるために要約筆記者は遮光メガネを利用しますが，それでも強い光は目に良くありませ

図 3.13　OHP 要約筆記

ん．長時間の OHP 要約筆記は，筆記者に大きな肉体的，精神的な負担を強います．また，疲労による手の腱鞘炎も懸念されます．そのため，特に長時間にわたる OHP 要約筆記の場合には交代の要約筆記者が必須です．

近年では，シートをそのままカメラで映写するオーバーヘッドカメラ（OHC）が利用されることもあり，OHC 要約筆記と呼ばれることもあります．カメラを用いているので，OHP とは異なり光源の問題が少ないため，筆記者の目に優しい方法といえます．

(c) パソコン要約筆記

パソコン要約筆記は，パソコンで要約文章を入力する方法で，PC 要約筆記とも呼ばれます．通常この方法では，図 3.14 のようにパソコンを液晶プロジェクタや大型モニタに接続して要約文章を映し出します．またこの方法では，入力された文字をテキストファイルとして保存できるので，講演録や講義資料作成にも使うことができます．

要約文章の入力・編集方式には，一般の文章入力ソフトを利用する方法と，専用の連携入力ソフトを利用する方法とがあります．一般の文章入力ソフトを利用する方法では，テキストエディタやワープロソフトで要約文章の入力や編集を行ないます．要約筆記では文字表示があまり遅いと，会議に支障をきたす可能性があります．しかし一人のオペレータによる文字入力では，入力速度を上げると発話内容の脱落や仮名漢字変換の誤りが多くなります．そこで，この問題を解決するために開発されたのが，専用の連携入力ソフトを利用する方法です．この方式では，複数のオペレータが分担，協調して文字入力や修正作業を行ないます．この専用ソフトウェアとしては「IPtalk」や「tach」[注1]があります．これ

らのソフトの開発により，リアルタイムに近い PC 要約筆記が可能となりました．PC 要約筆記の利点は，OHP 要約筆記などに比べ，話された内容を迅速に表示することができ，読みやすいことです．しかし，仮名漢字変換の誤りなどがどうしても残ってしまうのは避けられない問題です．

　PC 要約筆記では，質の高い要約筆記を得るために事前にパソコンの仮名漢字変換機能を学習させておくことが有効です．それには，事前に講演原稿や専門用語などのキーワードをオペレータに伝えておく必要があります．これにより，的確な要約が可能になるだけでなく，要約筆記の質は大幅に向上します．

図 3.14　PC 要約筆記

OHP 要約筆記と同様に PC 要約筆記者の交代要員は必須です．PC 要約筆記ができる人材はまだ少なく，その育成は重要な課題といえます．またパソコンやプロジェクタ，スクリーンなど必要となる機材が大がかりとなり，一定のスペースを必要とすることも問題点の一つです．なお，最近ではインターネットやテレビ会議システム等を利用して遠隔地からの PC 要約筆記も試みられています．

(d) その他の筆記

PC 要約筆記のパソコンの代わりの文章入力方法として，速記器を利用した方法や速記をベースにした特殊なスピードワープロを利用する方法があります．速記がベースとなっているため発話のスピードに対応することができ，要約筆記ではなく，発話全体の筆記（全文筆記）が可能です．筆記文は液晶プロジェクタとスクリーン，あるいは大型テレビモニタなどを利用して映写します．

(2) 遠隔音声認識字幕

音声認識技術を使うと，要約筆記ではなく，基本的に，話された内容そのものを伝えることができます．

音声認識は，現在の技術レベルで充分な認識性能を得るためには，入力音声が明瞭に，かつ，よどみなく発声されることが必要となります．したがって，講演や質疑などの音声そのままでは，充分な精度で音声認識を行なうことができません．このような音声認識の問題点をうまく回避しながら，発話された音声を文字に変えてスクリーンに表示したり，映像に重ねて表示する遠隔音声認識字幕があります．

遠隔音声認識字幕の鍵となるのが，リスピーク（復唱）という音声入

力方式です．これは，講演などの会場とは別の静かな環境にいる，リスピーカーと呼ばれる復唱者が，会場での発話をヘッドホンなどで聞きながら，おうむ返しに発声する方法です．このような方式を用いると，音声認識装置はリスピーカーの声に特化した特定話者認識ができ，認識精度を上げることができます．また会場で笑い声が上がったりした場合でも，音声認識装置に入力される音声にこれらの雑音が重畳されることはありません．さらに，リスピーカーは，会議場の発話者が言い間違えても正しく言い直したり，音声認識しにくい発話内容を音声認識しやすい言葉に言い換えたりすることができます．このリスピーク方式を用いた音声認識は，スポーツ番組など，放送におけるリアルタイム番組の字幕制作でも用いられています．

　図 3.15 に示すように，遠隔音声認識字幕は，会場に設置したマイクロホンで発話を収音し，通信回線を用いて音声認識装置のある遠隔地に伝送します．遠隔地では，リスピーカーがこの音声をリスピークして自らの声を音声認識装置に入力し，自動的に文字列に変換します．次に，

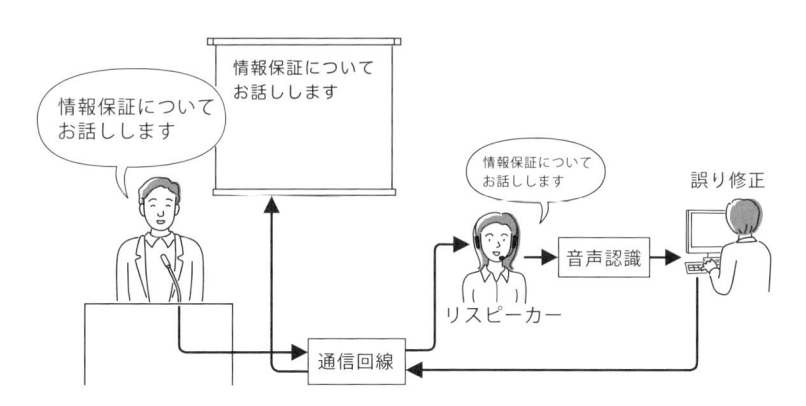

図 3.15　遠隔音声認識字幕におけるリスピーク方式

変換された文字列の中の誤りがあれば，修正者が修正を加えます．音声認識誤りのほか，リスピーカー自身の言い間違えもありますので，音声認識結果は即座に修正する必要があります．音声認識の結果は通信回線を用いて元の会場に送り返します．会場では，送られてきた文字列をスクリーンに映したり，映像に重ねて字幕として使用するわけです．この方式では，会場での発話者の声をうまく収音できる位置に，マイクロホンを設置する必要があります．この声がうまく収音できないと，リスピークが難しいだけでなく，音声認識結果の修正者も，どう修正してよいか分からなくなってしまいます．

音声認識では，事前に認識装置の辞書に登録されている単語を組み合わせて認識をする方法が使われています．このため，登録されている単語以外は認識することができません．したがって，一般的でない専門用語などは事前に音声認識装置に登録しておく必要があります．また，音声認識装置では，単語と単語の接続情報も利用して音声認識を行ないます．そこで，満足のいく認識結果を得るためには，認識装置にどのような文脈で，専門用語などの単語が用いられるかを学習させておくことが大切です．このための最も良い方法は，発表内容に関する資料や，プレゼンテーション資料などを事前に音声認識のオペレータなどに渡しておくことです．このような事前知識があると，認識結果を修正する装置の仮名漢字変換機能も学習させておくことができます．

3.2.3 補聴システム

聴覚障害のある人の中には，補聴器や人工内耳の装用により音声をかなりの程度まで聞き取ることが可能な人もいます．このようなタイプの聴覚障害のある人に有効なのが補聴システムです．

3. 情報保障の方法

　補聴器や人工内耳では，周囲の騒音がないこと，話者の声が直接聞こえる距離であること，などの条件が満たされていないと，聞き取りの精度が著しく低下するのが普通です．しかし，講演会などの場ではこうした理想的な条件が満たされることはまずあり得ません．そのため，様々な方法により話し手の「声」だけをクリアに伝えることが補聴システムの役割となります．

　補聴システムは，大きく分けて，磁気ループシステムと FM あるいは赤外線補聴システムの二つに大別できます．

　磁気ループシステムは，補聴器もしくは人工内耳で「T モード」と呼ばれる機能を持つタイプで利用するものです．「T モード」はもともとは電話の聞き取りのためのもので，電話機の受話器のスピーカーにある誘導コイルから出る磁気を利用することで，補聴器のマイクよりもよく聞こえるようになります．磁気ループシステムでは，図 3.16 のように電話機の誘導コイルから出る磁気と同様のものを，床や天井などに張り巡らせた磁気ループから発生させます．

　マイクなどから入った音声信号を磁気誘導アンプからループアンテナに伝えて誘導磁気を発生させ，補聴器や人工内耳へ伝えることで，音声をよりクリアに伝えます．こうした磁気ループシステムは，欧米などでは劇場や集会場などの公共の場に常設されていることが多いようです．

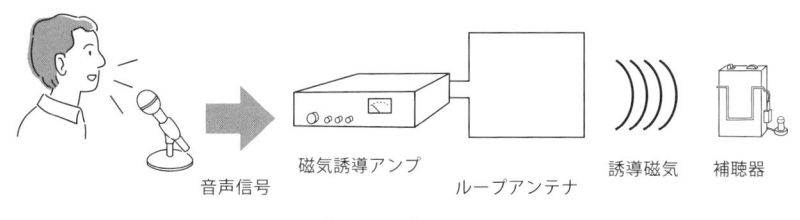

図 3.16　磁気ループシステムのしくみ

しかし，日本ではあまり普及していません．そのため，地域の役所や聴覚障害のある人への情報提供施設などでは，持ち運びの可能な磁気ループシステムを貸し出しているところもあります．

「赤外線方式」や「FM方式」による補聴システムは，音声信号を赤外線やFM波により伝送します．こうしたシステムでは，専用の補聴装置が必要になりますが，無線を用いるため磁気ループシステムよりも設置の手間がかかりません．これらの方式では，持ち運びの容易なものも開発されています．

(注1) 「IPtalk」,「tach: Tools for Aural Communication Helpers」 パソコンを使って，聴覚障害のある人へのPC要約筆記などの情報保障を行なうソフト．LANを用いて入力用パソコン複数と表示用パソコンをつなぎ，数人のチームでの作業ができる．交互に入力し，相手の入力状態を見ながら作業できる．また，プレゼンテーション資料をスクリーンに表示する機能もある．

3.3 肢体不自由の人の場合
3.3.1 会場内のアクセス，設備

先に2.3 肢体不自由の人の場合のバリアで述べたように，肢体不自由の人の場合には，いくつかの困難さがあります．講演会では，情報の受発信よりも，主に会場へのアクセスや会場内での移動に大きな困難さがあります．

(1) 階の移動

建物の中の階の移動には階段，スロープ，エレベータ，エスカレータなどを利用します．しかし，車椅子を使う人にとって階段の自力での移動はできません．車椅子で階段を利用するには，階段昇降機を使うか，人手による運搬が必要となります．

3. 情報保障の方法　　　　　　　　　65

図 3.17　階段昇降機

　階段昇降機は図 3.17 にあるように，階段の壁にレールを付け，車椅子を乗せたり椅子に移乗してもらって階段を昇り降りするもので，階段の形状に合わせて，直線型，曲線型があります．
　階段昇降機がないときは，人手で車椅子を抱えて昇り降りします．この場合，4 人で車椅子の四方を持って昇り降りすることが望まれます．なお，車椅子を押す人が何らかの理由で車椅子から離れるときは，短い時間であっても必ずブレーキをかけるのを忘れないようにすることが大切です．
　エスカレータには，段をいくつかつなげてフラットにして車椅子が乗れるようにする機能が付いたものがありますが，係員に依頼して利用する必要があります（ただし，エスカレータの車椅子での利用は危険なこ

とがあるので，なるべく避けたほうが安全です)．

(2) 車椅子用トイレ

最近，車椅子用トイレは，多機能トイレなどの名称で，障害のある人以外でも自由に使えるように配慮されていることが多くなってきました．以前は，一般の人に使わせないために鍵をかけたり，また安全面の配慮という名目で，使用中にも鍵がかけられないようにしてあるものなど配慮に欠けたものがありました．車椅子用トイレは，車椅子から便座に移ったり，車椅子で転回したりするための充分なスペースが設けられています．2006年に制定されたバリアフリー新法では，建物に最低一箇所は設けることが義務付けられています．しかし，古い建物などでは未設置のものがまだ多く見られます．この場合でも，車椅子や杖を使う人のためには洋式トイレが必要です．

なお，バリアフリー新法には，国土交通省からチェックリストが提供されていて，事業者などが法律の遵守をしやすいようになっています．バリアフリー新法については，5.2.3を参照して下さい．

3.3.2 会議，プレゼンテーション

肢体不自由のある人には，メモを取ったり，話をしたりするとき，パソコンの入力支援装置・ソフトウェアや発話補助装置を使う人がいます．

(1) 入力支援

パソコンのキー操作がうまくできない場合，特殊キーボード，スイッチ一つで文字入力するオンスクリーンキーボードなど多種多様な支援機

3. 情報保障の方法

器があります．オペレーティング・システムにも，例えばWindowsの「ユーザー補助」機能などがあり，利用者の状態に合わせた設定ができるようになっています．ここで，オンスクリーンキーボードとは，パソコンの画面上にキーボードを表示してその中の文字を，マウスや専用スイッチなどで選んで入力するものです．

　機器を操作する上でスイッチは重要で，その人が随意にコントロールできる身体の部位を活用するために多くのものが工夫されています．スイッチには，マイクロスイッチを手や足，あるいは息などによって直接操作するもの，額に貼り付けた磁石の動きを磁気センサーで検出するもの，視線・まばたきを検出するもの，脳波などを利用するもの，などがあります．基本的には，一つのスイッチがあれば，機器側がキーを順に表示して，それをスイッチで選択することで任意のキー入力ができます．しかし，専用のスイッチ，装置，ソフトウェアが必要であり，会場に備え付けのパソコンではすぐに対応することができません．スイッチ利用者自身のパソコンを使えるようにする必要があります．

(2) 発話補助装置

　音声によるコミュニケーションが困難な人には，合成音声によるVOCA（Voice Output Communication Aids）やコンピュータによる意思伝達装置があります．

　VOCAには，障害の程度やニーズに応じて，数種類のメッセージを登録・再生するもの，キーボードから文章を入力し音声出力するものなどがあり，ポータブルになっています．意思伝達装置は，コンピュータにあらかじめ登録されたメッセージや文字をスイッチで選んで意思を伝えるものです．

> **コラム**：学習障害のある人への情報保障の方法

　ここでは，学習障害のある人への支援が進んでいる米国の状況を見てみましょう．

　授業における支援としては，録音図書の提供，学習補助者の配備，ノートテーカーの配備，講義の録音許可，代替筆記具（パソコンなど）の使用許可などがあります．

　このような授業における支援方法は，会議・講演でもそのまま役に立ちます．ただし，録音図書の提供と学習補助者の配備は，会議・講演の場では対応が難しいと思われます．

　講演者に求められる配慮点は，プレゼンテーション画面の文字は大きくするとともに，背景とのコントラストを付けて見やすくする，文字を詰めすぎず数行程度にとどめる，そして言葉だけで理解しやすいように話す，などです．これらは，視覚障害のある人への配慮事項と重なるものが多いです．

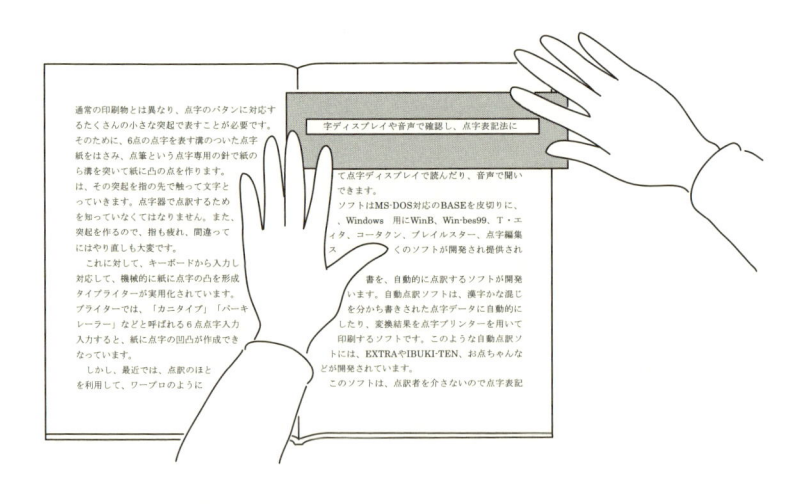

3. 情報保障の方法

　安価なローテクで読字を支援する道具があります．一度に多くの文字情報が視野に入ると気が散って読めない人にはイラストのように，1行だけあるいは1単語だけ見えるように細長い穴を開けた下敷きのような道具が役立ちます．パソコンを使えば，画面に表示した文章を音声合成で読み上げながら，読み上げ中の文字列だけを反転表示させる方法で理解が促進されます．ただし，これらの手法は講演の会場というより，その前後の自習の際に効果的でしょう．

第4章
情報保障の提供方法
（マニュアル，ガイドライン）

4. 情報保障の提供方法（マニュアル，ガイドライン）

これまで第2章で会議やプレゼンテーションにおけるバリアの現状を，第3章ではそのバリアへの一般的に考えられる対応方法を述べました．第4章では会議や講演会などで情報保障を提供する場合，主催者や講演者・発表者が具体的にどうすればよいかを詳しく述べます．

4.1 主催者のために
4.1.1 視覚障害のある人への情報保障

第2章で述べたように，視覚障害のある人が会議や講演会に参加する際には，主として移動と情報授受にバリアがあります．

まず，移動ですが，事前に地図や会場の配置を，文章，図，口頭などで知らせておくことによって，その困難さを少しは減らすことができます．例えば最寄りの駅から会場までの経路には，角に花壇がある，噴水がある，音響信号機がある，点字ブロックがあるなど，時間帯や曜日にあまり依存しない標識となる特徴点を示しておくと役に立ちます．また，大きな段差や突起物があるような危険な箇所，工事中の箇所なども知らせておくことが必要です．このためには実際に歩いてみて確認することが望まれます．

しかし文章，図，口頭などでの説明には限界がありますので，最も良いのはガイドの人をつけることです．ポイントごとに人を配置しておくことも有効ですが，状況によっては全ルートをガイドすることが必要になります．この場合，視覚障害のある人と事前に連絡を取り，待ち合わせ場所やお互いを認識する方法について打ち合わせておくことが必要です．

会場建物内の案内も，文字は大きく，分かりやすく書く必要がありま

す．異なる講演が複数の会場で並列進行する場合，会場間を移動するための介助ボランティアを手配しておくとよいでしょう．

エレベータに音声案内や点字がない場合には，乗る階と降りる階に人を配置しておくと助けになります．

次に，情報授受について述べます．近年，一部の学会や講演会では電子テキストデータでの資料配布が進んでいますが，一般にはまだ印刷された紙媒体，つまり，墨字で提供されることも多く，視覚障害のある人がそこから情報を得るのは大変困難な状況です．そこで，視覚障害のある人も障害のない人と同じように情報を入手できるよう，点字版，音声版，拡大版の資料が必要となります．

しかし視覚障害のある人すべてが点字を読むことができるわけではなく，音声での再生も利用しにくい場合があります．最も望ましい提供形態は，使う人が自由な媒体に変換して使える，電子テキストデータです．これにより，点字が読めない人もパソコンなどを利用してスクリーンリーダーの合成音声で聞くことができ，点字を使う人は点字ディスプレイを利用することで，分厚い資料がいらなくなります．ただし，図は音声や点字には変換できません．弱視の人もパソコンで画面拡大ソフトを使って自分が読みやすいフォントサイズ，色で読むことができます．とはいえ，電子テキストデータは容易にコピーできてしまうので，著作権などの問題があり，オリジナルデータの提供はなかなか難しいものがあります．著作権については 5.2.1 を参照して下さい．

図 4.1　点字印刷物を読む

図 4.2　点字ディスプレイで読む

4. 情報保障の提供方法(マニュアル，ガイドライン)

　会議，講演会等の主催者は，著者・講演者と情報保障利用者との間で情報の受け渡しを行うとともに，専門の業者やボランティアの手配を行ないます．したがって，主催者は，会議，講演会等における情報保障の総指揮者として，どのタイミングで何を行なうのか充分に把握しておく必要があります．

　ここでは，点字資料，電子テキストファイル提供について，技術系の講演会を例に，主催者が行なうべき作業について順を追って見てみましょう．

- 講演・原稿執筆依頼時：　著者に講演・原稿執筆を依頼するとき，本書の「原稿作成ガイドライン」を示して，資料や原稿の作成時に注意すべき事項を伝えます．また，提出された原稿を情報保障に用いることについて著者の意向を尋ねておきます．
- 講演プログラムの案内時：　講演プログラムをメーリングリストに投稿したりWebサイトに掲載したりするとき，情報保障の要望受付を掲示するとよいでしょう．点訳資料の要望があった場合は作成に時間がかかりますので，講演当日のおよそ3週間前を締め切りとして受け付けるとよいでしょう．実際の締め切り日は，資料の点訳を専門業者に依頼してから納品されるまでの期間によって決まります．
- 原稿完成時：　原稿ができあがった時点で，原稿の電子ファイルの提供を著者に依頼します．
- 講演用スライド作成開始時(講演の約1か月前)：　「プレゼンテーション資料作成ガイドライン」を示して，作成時の注意を促します．あわせて「発表時ガイドライン」も示します．
- 点訳の発注：　点訳資料の要望があった場合は，原稿を専門業者に

送って点字資料の作成を依頼します．

なお，電子ファイルの希望者があった場合は，著者から集めた原稿の電子テキストファイルを，墨字の資料の発行日に合わせてメール，郵送等で提供します．

(1) 提供する点字資料の種類

本来，すべての資料を印刷物とまったく同一に点字化したもので提供すべきですが，点訳時の同音異義語や固有名詞の誤訳の可能性や，図・表の点訳の困難さなど，多くの課題があり，現時点では妥協策を取らざるを得ない状況です．提供できる点字資料として次のようなものが考えられます．

(イ) 当日プログラム： 当日の，議事次第，議題，進行表などを校正済みで完全点訳したものです．これは発表者などプログラムの進行を把握するために必要最低限の情報です．

(ロ) アブストラクト版： 発表内容を理解するための最低限の情報として，タイトル，発表者・著者，アブストラクト等の概要を校正済みで完全点訳したものです．墨字の配布資料に「アブストラクト」や「概要」があればそれを点訳したもの，ない場合でも，少なくとも章や節の見出しだけでも点訳すると，理解する上での情報となります．後で発表者や著者に連絡できるように，名前，所属，メールが正しく点訳されていることは必須です．

(ハ) 全文点字粗訳版： 専門の点訳者に依頼せずに，主催者が点訳ソフトなどを使って原稿全文を点字化し，厳密な校正なしの粗訳を提供するものです．粗訳版であることを説明しておくことが必要です．同音異義語などの誤りが含まれている可能性が高く，図・写真は点訳できず，表

は乱れることが多くなります．点訳ソフトがあれば専門の点訳者に依頼しなくてもでき，問題が多いとはいえ，点字資料がまったくない状態と比べれば格段に多くの情報を提供することができます．

㈡ 全文完全点訳版： 原稿全文を点訳し，点字の知識・技術を駆使して完全校正したものです．最も望ましい情報提供の形ですが，レベルの高い点訳ボランティアか専門の点訳者に依頼する必要があります．また，著者にも平仮名化されたもので校正を依頼することが必要となるなど，多くの手間，時間，お金がかかります．図は点訳業者に依頼すれば，簡単なものは触図にしてもらえます．しかし，写真の触図化は困難です．表もあまり複雑なものでなければ点字で表を作ってもらえます．図や写真は文章での説明を付けたとしても，情報はかなり制約されます．完全点訳といってもこのような制限があることを理解しておく必要があります．

したがって，開催までの時間と予算などの制約の中，どの形で情報提供を行なうかを考え，準備する必要があります．

(2) 点字資料提供のための作業手順
(a) 点字資料の希望者の募集

まず，前述の㈠～㈡のどの形式で点訳資料が提供できるかを検討します．これは，その会議や講演会の趣旨，内容，想定する参加者，予算，時間的余裕，その他いろいろな要素を吟味した上で決定していきます．

提供可能な形式が決まったら，電子メールや Web ページで，開催のアナウンスや点訳資料を提供できる旨を通知し，希望を募ります．ただしその際は，提供する情報がどの形式で，どのような問題があるかも記載します．

案内を出しても資料希望のない場合も多々あります．当日視覚障害のある方が参加される可能性がある場合には，希望がなくても最低限(イ)のレベルの資料を数部準備しておくことが望ましいといえます．

(b)　原稿の電子データの入手と点訳準備

　近年，大きな会議やセミナーなどではPDFファイルを収録したCD-ROMなどで資料を提供する場合が増えてきました．しかし，セミナーや企業の会議の資料は一般に墨字の印刷物だけという場合も多くあります．例えば，研究会や定例会議などの資料は墨字の印刷物のみで，その発行は早くて開催の1週間前で，多くは当日です．印刷物からの点訳には非常に時間がかかり，1週間あっても作業は不可能です．また，特に点字利用者には当日渡すよりも事前に提供して読んでおいていただく方が望ましく，この点からも原稿はかなり前に入手する必要があります．もし原稿が電子データの提供であれば，原稿を視覚障害のある人のためのデータとして使用できるかどうかを確認します．原稿が紙に印刷されたもので提出される場合は発表者・著者に連絡を取り，電子データを提供してもらうことが必要となります．その際には，著作権法で規定されているので，「視覚障害のある人への情報保障用にしか使わず，著作権も問題がない」ことを説明し，同意を得るようにします．著作権法については5.2.1を参照して下さい．

　著者によっては，電子データにセキュリティをかけてテキストデータの抽出ができないようにしてある場合もありますので，その場合は著者に趣旨を説明し，セキュリティを外して提供してくれるよう依頼する必要があります．

(イ)　当日プログラムのみの場合は，特に発表者・著者に断る必要はなく，

4. 情報保障の提供方法(マニュアル，ガイドライン)

墨字のプログラムや進行表を点訳すればよいのですが，点字には漢字がなく，「仮名」ベースなので，同音異義語や固有名詞の表現に誤訳が生ずる可能性があります．特に名前は読み方の確認が必要です．例えば，清田さんは，"きよた"さんか"せいた"さんか，などです．

(ロ) アブストラクト版の場合は，墨字の「アブストラクト」「概要」などがあれば，タイトル，発表者・著者，所属，連絡先(住所，電話，メールアドレスなど)，アブストラクト等の概要などを校正した完全点訳にします．

　発表者・著者には事前に電子テキストデータの提出を依頼し，氏名などの「読み」を確認します．「アブストラクト」「概要」などがない場合，もし可能ならば，発表時に使う配布原稿や「Power Point」などのプレゼンテーション原稿から，章や節の見出しだけでも事前に電子テキストデータでもらい，点訳しておきます．

(ハ) 全文点字粗訳版，及び，(ニ) 全文完全点訳版の場合は，当日の配布資料と同じものを電子テキストで提供してもらいます．最近の原稿作成は「Word」，「一太郎」などで行なわれています．しかし，情報保障担当者側ですべてのフォーマットを扱うことはできないため，オリジナルのデータだけでなく，レイアウトなども確認ができるPDFファイルの提出も依頼します．

　なお同音異義語や固有名詞の表現に誤訳が生ずる可能性があるので，本来，文章すべてに対して読み方を記載してもらわなければなりません．しかし，著者に大きな負担をかけることになりますので，当面は読み方の難しい著者名のみとするのがよいでしょう．

　なお，各ページには点字版のページ番号に加えて，相当する原文(墨字)のページ番号も入れておきます．

(c)　配布する点字資料の目次の作成

　　点字資料のページ数が多い場合は，目次に相当するものを作成します．

(d)　点訳作業

(イ)　当日プログラムのみの場合は，比較的簡単なので，点訳ソフトと若干の点字の知識があれば，専門点訳業者に依頼する必要はないと思われます．ただし少なくとも，発表者，著者などの氏名は校正が必要です．

(ロ)　アブストラクト版の点訳は，完全を期するために，レベルの高い点訳ボランティアに依頼するか専門の点訳業者に校正ありの点訳を発注する必要があります．点訳者に渡す電子テキストデータは，概ねワープロソフトで作成し，メール添付で送付します．

(ハ)　全文点字粗訳の場合は，点訳ソフトを使用して原稿を点字データに変換します．機械点訳であるため，漢字の読みなどに誤りが生じる可能性があります．全文を校正するのは手間と時間がかかり，点字のノウハウも必要とされるため省略し，あえて誤りがあることを承知で配布するものですが，利用者にはそのことを充分説明し，納得してもらうことが必要です．ただし，最低限，氏名の読みは正しいものにする必要があります．

(ニ)　全文完全点訳版は，専門点訳業者に依頼します．ただし，作業量がかなり多いため，事前に業者と作業必要日数などの調整を行なう必要があります．送付する量にも依存しますが，墨字50〜100ページ程度の分量であれば，2週間前までに送る必要があります．

　　なお，点訳したものは，紙に印刷して配布する方法と，点訳電子ファイルでメール等に添付して配布する方法があります．点字印刷したものは通常の墨字印刷の3〜4倍のページ数になりますので全体ではかなり

分厚いものになってしまいます．したがって，できれば点訳電子ファイルでの提供がよいといえます．これはパソコンなどで点字ディスプレイを使って読むことができるからです．さらには，点訳しない元の原稿の電子テキストデータでの提供ができれば，それも望ましいといえます．しかし，前述のように著作権などの問題がありますので，充分な配慮，検討が必要です．また，パソコンや点字ディスプレイ無しで読める点字印刷物を希望される方も多いと思われますので，きちんと準備しておくことが望まれます．点字印刷物は遅くとも開催前日までに納品してもらいます．通常は量が多いため，開催場所を指定して宅配便などで送ってもらうのがよいでしょう．

(e) 当日作業

当日は点字印刷された資料を受付に置き，このような資料を用意していることが分かるようにします．そして，発表・聴講に訪れた視覚障害のある人や希望者に渡します．また，点訳電子ファイルを会場で希望される方に渡せるようにもしておきます．後日電子メールでの送付希望なども受け付けるようにするとよいでしょう．

(3) 点訳作業の依頼，費用

点訳ボランティアの会などを含めて，点訳を受託する団体・業者はいくつかありますが，専門的な原稿の点訳をできるところはあまり多くありません．例えば，情報処理や理数系分野の点訳ができるところは非常に数が少ないのが現状です．また，点訳の精度も大きなばらつきがあるといわれています．情報処理や理数系分野について，現時点で受注可能という返答を得ている点訳依頼手配先を巻末表「点訳手配先リスト」に

まとめました．ただし，点訳精度を確認したものではありません．個々の団体によって点訳料金や様々な条件も異なりますので，個別に連絡して依頼内容を相談し，その時々でどの団体に頼むべきかを決める必要があります．

　点訳費用に関しては，業者により変動しますが，一般的に，点訳基本料金，ページごとの料金，印刷料，綴じ具料，梱包料，送料などがかかります．ページとは，点字プリントアウト時のページ数であり，大雑把にいえば，墨字の1ページが点字3～4ページ程度になります．

・料金体系例(ある業者の2005年12月の場合)
　点訳基本料金：　5,000円
　点訳料：
　1～10ページ　　1,000円/ページ
　11～50ページ　　800円/ページ
　51ページ～　　　500円/ページ
　印刷料：　両面印刷 20円/ページ

　例えば，70ページ，両面印刷，ひも綴じ，10部作成の場合では6万4千円になります．この料金に綴じ具料，梱包料，送料など約1,500円がかかります．

(4)　電子テキストデータの提供

　電子情報通信学会の福祉情報工学研究会(WIT)では，2004年度に以上のように示してきた手順で視覚障害がある人の情報保障を試行し，利用者へアンケートを実施しました．その結果，普段は点字よりもコンピュータを使った読み上げソフトを使用している人が多く，点訳物や点訳電子ファイルよりスクリーンリーダーで読める電子テキストデータの

4. 情報保障の提供方法(マニュアル,ガイドライン)

提供の方が望ましいという意見が多く出てきました．

しかしながら，電子テキストデータは容易にコピー，改変できるので，著作権の問題に注意する必要があります．この問題を学会事務局と検討した結果，現在は以下の四つの条件すべてを満たす場合に電子テキストデータを提供しています．

(a) 使用者が墨字印刷物では情報を得にくい状況である申告を行なう．
(b) 著者が電子テキストデータの提供を承諾する．
(c) 使用者が技術研究報告書を購入する．
(d) 使用者がデータの二次利用はしない旨を宣言する．

一般の講演会などで電子テキストデータを提供する場合も，同様にこれらの条件を確認しておく必要があります．ただし，電子テキストデータの提供の可否については，会議，講演会の主催者によって方針，対応が異なると思われますので，充分検討を行ない，どのような情報保障ができるかを決める必要があります．

図 4.3 電子テキストデータを音声で聞く

(5) 問題点，留意事項

以下に準備時によく問題となる点や，留意すべき点などに関して記します．

- 各発表者，著者に連絡，同意を得て，期日までにデータをすべて集めるのはかなり時間がかかりますので，時間に余裕を持って行なうことが必要です．
- 発表者・著者にはすべてのデータを提供してもらいたいのですが，現時点では強制はできません．そのため，データが集まらない場合もあり，得られている情報のみで準備せざるを得ません．
- 点訳電子ファイルの配布は著作権法で許されていますが，一部企業は特許の問題などから社内規定等によって発表前のデータ提出ができないところがあります．その場合はその原稿の点訳は断念せざるを得ません．
- 提供してもらうフォーマットを指定しても，合わせてもらえない場合も多いので，情報保障担当者側ではフォーマットの統一のための作業が発生することを考慮しておく必要があります．
- 前述のように点字は「仮名」ベースの文字ですので，同音異義語の紛らわしさや固有名詞の読み間違いが生ずる可能性があります．人名や難しい読み方の文字などには別途読み方の情報を追加してくれるよう著者に伝えておくと点訳作業が楽になります．
- 図・表の自動点訳はまだできていません．人手によってもすべての情報を変換することはできません．また作業量も多くなります．図・表を簡単に説明する文章を追加するよう著者に依頼して下さい．
- 原稿をテキストデータ化することで，レイアウト情報やフォント情報などが失われてしまう問題がある点に留意しておいて下さい．

4. 情報保障の提供方法(マニュアル,ガイドライン)

- 原稿を PDF フォーマットで提出する際には,テキスト部分が抽出できるように,セキュリティ保護をかけないで作成するよう依頼する必要があります.また,タグ情報などを追加し文章を構造化することで,機械点訳などの精度を向上させることができます.
- 印刷された点字資料が複数ある場合,点字を読めない人には区別がつかなくなることがあります.綴じるひもの色を変えたり,墨字で資料名を表紙に書いたりしておくとよいでしょう.
- 電子テキストデータは,あらかじめ USB メモリにまとめておき,当日会場ですぐに渡せるようにしておくとよいでしょう.

コラム:点訳ボランティア A さんの声

　点訳する側で一番苦労する点は,姓名の読み方が分からない時です.点字は読み仮名がベースとなっていますので,文章中の誤訳は

発表者 ：清田 翼

「きよた」？
「せいた」？

どう読むの？？？

利用者が文脈から正しく推測することもできますが，人名に関しては多種多様な読み方があり，どうしようもありません．名前を間違えるのは失礼になるため，点訳者は大変気を使います．点訳を依頼する際は，難しい読み方があるもの，特に，人名や地名などに対しては振り仮名を付けることを意識しましょう．

4.1.2 聴覚障害のある人への情報保障

第3章でも少し説明しましたが，聴覚障害のある人へ情報を伝える絶対的な方法があるわけではありません．聴覚障害のある人には，手話を第一言語(母語)とする人，補聴器や人工内耳など補聴機器を用いて残存聴力を利用する人，文字や文章を利用して発話内容を確認したい人など様々です．情報保障の提供方法は講演会の内容，部屋の広さ，全体の参加者数や聴覚障害のある人の参加者数などにも依存します．手話通訳が必要な場合もあれば不要な場合もありますし，要約筆記など文字による情報保障が必要な場合もあります．磁気ループなどの設備が必須な場合もあります．場合によってはこれらのすべての情報保障が必要なこともあります．会議・講演会等において必要とされる情報保障はケースバイケースだということを主催者は理解しておく必要があります．実際，講演会等の内容，部屋の広さ，発話の内容，発話者の人数などによっても適した情報保障方法が変わってきますし，参加する聴覚障害のある人の人数にも大きく依存します．

まずは聴覚障害のある人が要望する情報保障方法を事前に聞いて，それを実施するよう調整するのが一番よい方法でしょう．しかし予算的な制限などから実現が困難な場合もあるかもしれません．その場合には，

4. 情報保障の提供方法(マニュアル,ガイドライン)

聴覚障害の参加者とも相談しながら,実施可能な方法を模索する必要があります.情報保障の手配の問題から,事前登録制とした方がよい場合もあります.音声による情報保障,手話通訳,要約筆記など,いずれの情報保障方法でも共通して大切となるのは事前の準備です.なるべく早め早めに依頼できる情報保障の派遣団体を探して,よく相談して進めることが肝心です.

実際に手話通訳による情報保障を行なうにあたっては,いろいろな配慮が必要になります.例えば,手話通訳者と聴覚障害のある人の位置関係,照明,マイク等の準備,講演原稿や発表資料の事前の提供などです.特に,技術的な講演のように専門的な内容の通訳には,様々な専門用語をどう手話で表現していくか等,手話通訳者側での事前準備が欠かせません.そのため通訳者への原稿や資料の事前提供は,必須といえます.そして,講演者,通訳者及び情報保障を受ける当事者の三者で,事前に用語の打ち合わせを行なうとよいでしょう.

図4.4は情報保障の要不要を聞く会告の文面の一例です.聴覚障害のある人が申し込みされることが想定されますので電話番号だけではなくファックス番号やメールアドレスも記載した方がよいでしょう.

講演者,発表者,更には参加者で発言する人に対して,事前あるいは会議開始時に配慮を求めるのも,主催者として必要なことです.例えば,「大きな声ではっきりとゆっくりと話す」「発言の前には名前を言ってから話す」「可能な限り発言は重ならないようにする」などですが,これらは情報保障の方法によらず共通して必要な対応です.発話者に必要な配慮などの詳細は4.2で説明します.

> **○○○○研究会開催のご案内**
>
> △△月△△日に○○○○研究会を開催します．皆様のご参加をお待ちしています．
>
> (開催案内の本文)
>
> 手話通訳，点字資料などの情報保障について
> 　視覚や聴覚等に障害がある方でも参加・発表できるように情報保障を行っております．手話通訳，要約筆記，点字資料等の情報保障をご希望の場合には○○月○○日までにご連絡下さい．
> 電話番号　０３－××××－××××
> ファックス番号　０３－××××－××××
> E-mail　××××＠×××．×××．××．jp
> 担当者名　○○○○○

図 4.4　情報保障の要不要を伺う会告の例

(1) 聴覚障害のある人への情報保障の方法

(a) 音声による情報保障

　先に，3.2.3 で述べたように，磁気ループに代表される補聴システムを利用する方法があります．

　補聴器を利用している方が数多く参加することが予想される場合には，可能ならば磁気ループが常設されている会場を選ぶ方がよいでしょう．最近では市役所，文化センターなどの会議室の床下に埋設されているケースも多いのですが，会場に問い合わせる必要があります．磁気ループが常設されていない会場で開催する場合には，移動タイプの磁気ループを利用する方法があります．自治体や福祉協議会や聴覚障害のある人の関連団体，支援団体などでは，移動タイプの磁気ループの貸し出しサービスを実施しているところがありますし，レンタルしている業者

もあります．早めに貸し出してくれる団体や業者を探して事前に手配することが必要です．

(b) 聴覚障害のある人への手話による情報保障

　日本手話や日本語対応手話など手話にもいくつか種類があることは3.2節で説明しましたが，日本手話の通訳依頼が可能な団体はごく少数です．したがって，ほとんどの場合，現状では日本語対応手話の通訳者派遣団体に依頼することとなります．依頼先の例については巻末表を参考にして下さい．

(c) 文字，文章による情報保障

　聴覚障害のある人への文字，文章による情報保障として筆談，パソコンなどによる要約筆記と字幕があります．会議・講演会等で主に利用するのは要約筆記です．その種類は「ノートテークを含む筆談による要約筆記」「オーバーヘッドプロジェクタ(OHP)要約筆記あるいは，オーバーヘッドカメラ(OHC)要約筆記」「パソコン(PC)要約筆記」「音声認識字幕」に分けられます．

　聴覚障害のある参加者数が少ない場合には，筆談による要約筆記(ノートテークを含む)が候補として挙がります．相当数の参加が見込まれる場合や事前登録を行なわない場合には，OHP要約筆記あるいはPC要約筆記の方がよいでしょう．特に専門用語が使われることの多い会議や講演などではPC要約筆記が大きな力となります．PC要約筆記の派遣団体の数は限られており，希望する日時で派遣してくれる団体がなかなか見つからない場合もあります．そのため，PC要約筆記による情報保障が必要な場合には，会議などの開催場所と日時が決まったら，できる

限り早めに派遣団体を探すことをお薦めします．

> **コラム**：パソコン文字通訳者の声（キャプショニング・ペガサス）
>
> 　文字集団キャプショニング・ペガサス"Captioning Pegasus"は「パソコン文字通訳」を行なう団体です．ここでは私たちが日々どんな作業をしているのか，そのためには何が重要と考えているか，まとめてみたいと思います．
>
> 　文字通訳は流れていく音声を耳で聞いて文字にする作業ですが，聞きながらそこに含まれる言葉を漢字やアルファベットでどう表記するか，瞬時に判断し，間違いなく入力していかなくてはなりません．日本語には同音異義語が多いので，大変苦労するところです．
>
> 　また，話し言葉というのは書き言葉と違って，主語・述語が順序よく出てくるとは限りません．言い直し，言いよどみ，主語の省略などが頻繁に出現します．聞こえる方は，無意識に頭の中で修正して理解していると思われますが，文字だけを読んでいる方には，そのまま全部文字化しても，理解しにくいものとなってしまいます．そこで，音声を「読んで分かる」文章にして入力する作業を行なうわけですが，これには非常に集中力が必要です．
>
> 　この作業のために最も重要なのは，音環境です．話者の声がクリアに聞き取れることはもちろん，周囲の雑音（私語，紙のめくり音など）があっても困ります．入力者に話しかけるのは論外ですが，会場スタッフが小声で何かを打ち合わせたりすることも非常に聞き取りの妨げとなります．
>
> 　そして，話者の発声や発話も通訳の質を左右します．どんなに早

口でも構いませんが，滑舌が悪いと致命的です．そういう話者の話は聞こえる人にも聞き取れない部分が多く，皆さんが字幕を凝視することになって困惑します．もう一つ重要なことは事前資料の読み込み，つまり準備です．通訳というのはあらゆる分野で依頼されるので，事前に充分準備できないと使い物になりません．少なくとも音声を聞いたらどういう綴り，漢字なのかを頭の中から呼び出せるようにしておく必要があります．そのためには余裕を持って資料をご提供いただくようお願いしています．

　また，当日は資料等を投影される方が多いのですが，その画面が見える位置に入力者を配置していただければと思います．「今，何について話されているか」についての手がかりは多いほど助かります．最近は，メインスクリーンに同期するモニタを入力者席に配置するというありがたい現場もありますが，まったく見えない位置で指示代名詞を連発されて苦戦したこともありました．入力者は耳だけでなく，目からも情報を得て作業を行なっているのです．

　パソコン文字通訳は比較的新しい情報保障のスタイルなので，まだ解決すべき問題がたくさんあると思いますが，一つ一つ解決しながら，少しでも聴覚障害の方のお役に立てればと思います．

では，聴覚障害のある人への情報保障の準備は具体的にどのように進めればよいのか，**表 4.1** に準備手順の例を紹介します．ここで紹介する内容は福祉情報工学研究会のホームページで公開している「学会・研究会等における情報保障マニュアル」からの抜粋です．

(2) 手話通訳や要約筆記に必要な人数と費用

　手話通訳や要約筆記は一人で実施できるわけではありません．情報保障の時間の長さや会議・講演会等の内容などにも依存しますが，通常は複数の通訳者・筆記者が必要だと考えてよいでしょう．例として，表4.2に社会福祉法人東京聴覚障害者福祉事業協会の東京手話通訳等派遣センターにおける時間と人数の規定を紹介します（2008年4月時点）．

　手話通訳や要約筆記の料金体系も地域や団体によってまちまちです．交通費の扱いも異なります．団体によって料金体系に大きな開きがあるので，それぞれの団体に規定額を確認しておく必要があります．

　なお，ここで紹介する内容も福祉情報工学研究会のホームページで「学会・研究会等における情報保障マニュアル」として公開しています．

　以上，情報保障を実施するためには人手と費用がかかります．手話による情報保障の場合，手話通訳者は最低2名，学会発表は大変なので多くの場合は3名，講演などハードな通訳で4名程度が必要となります．文字，文章による情報保障でも同様です．情報保障の時間が短く発言も多くない会議で，ノートテークなど筆談による要約筆記を実施する場合には，2名程度(やむを得ない場合には1名)の筆記者で対応することもあります．しかし，講演会や学会発表などハードな場合には，筆記者は少なくとも3，4名，その発表会のスケジュールによっては5，6名はいた方が望ましい場合もあります．

4. 情報保障の提供方法(マニュアル,ガイドライン)

表4.1 聴覚障害者への情報保障の準備手順

(1) 手配手順-1 研究会開催日程と場所が決まった時点
(1-1) 開催地に近い場所で情報保障を依頼できる団体等を探します. 見つからない場合には,開催地の市役所,県庁,社会福祉協議会,聴覚障害のある人の関連団体などに当たります.情報保障を依頼できる団体が開催地近くにない場合には,他県や遠方からの派遣を検討します.状況によっては遠隔手話通訳や音声認識字幕を検討します. ↓
(1-2) 開催日から逆算して何日前までに申し込めばよいのか期限を聞きます. ↓
(1-3) 可能ならば,開催会場にて要約筆記者と通訳者の立ち位置をシミュレーションしておきます.
(2) 手配手順-2 研究会の募集あるいは会告アナウンスの時点
(2-1) 募集に手話通訳あるいは要約筆記の要不要を聞く文面を入れます. ↓ (2-2) 前述の情報保障団体の申し込み期限日までに手話通訳あるいは要約筆記の要不要を確認するためのアナウンスを行ないます. 情報保障を行なう時間帯が決まったらその情報も流します.
(3) 手配手順-3 研究会開催当日まで
(3-1) 講演者,発表者に手話で発表する人がいるか確認します. 専門的内容の手話から口話への通訳には一段と技量が必要なので,あらかじめ手話通訳者派遣団体に申し入れておくことが望ましいといえます. パネルディスカッションなどでは複数の方向への情報保障が必要かどうか確認します(パネリストと参加者の顔の向きが違う場合など,手話通訳にとっては難しい場面がないか確認します). ↓
(3-2) 通訳者や筆記者に資料や予稿集原稿などを送付します. 学会の研究会などでは,現状では研究会資料は1週間以上前には公開できないことが多いですが,一日も早く送付できるよう,学会事務局へ依頼します.可能ならば著者から早めにもらって送付します. ↓
(3-3) 講演者に,通訳者や筆記者との事前打ち合わせ時間があることを伝えます. 当日使用するスライドあるいはOHP資料も印刷して持ってくるように講演者に伝えます.また発表時の心得(通訳者や筆記者への配慮)を伝えます.
(4) 手配手順(その4) 研究会当日
講演者と通訳者や筆記者との事前打ち合わせを行ないます(専門用語などに関して,事前に少なくとも10分程度の打ち合わせ時間があったほうが,より的確な情報保障ができます.休憩時間やセッション開始前の時間を利用します). 手話通訳者の立ち位置,要約筆記者の座る位置を決めます.可能ならば会場内で情報保障利用の優先席をつくり,受付でその情報を流します.

表 4.2　手話通訳の時間と人数（東京手話通訳等派遣センターの場合）

(1)　手話通訳は 30 分が目安
手話通訳者一人が連続して通訳をした場合，おおよそ 20 分を経過したあたりから疲労度が高まります．「手話通訳者の全国調査」のなかに，「何分までならば心身の疲労を感じずに自分の思うとおりの通訳ができますか」という設問がありましたが，講演会の通訳では，30 分未満と答えた人が 80％ を超えています．また，テレビの通訳では 20 分未満と答えた人が 70％ を超えていました．（「全国手話通訳問題研究会」が 1990 年に実施した「手話通訳者の実態と健康についての全国実態調査」）   《心身の疲労を感じ始める時間》 | 講演会通訳 | 30 分を超えたあたり | | TV 通訳 | 20 分を超えたあたり |
(2)　20 分交代が原則
東京手話通訳等派遣センターでは，設立当初から，20 分から 30 分の間で通訳者を交代させ，より正確な伝達を努めてきました．（その後，上記調査結果や，音声言語の同時通訳者の状況調査によっても，20 分で交代していること等から，今では，「20 分交代」が全国的な基準となっています．）
(3)　1 日通しの場合は 3 名配置
現在の「時間と人数」の関係は，表のようになっています．   《通訳時間と人数》 | 所要時間 | 4 時間以内(半日) | 4 時間を超過(1 日) | | 通訳者人数 | 2 名 | 3 名 |
(4)　OA 機器などの実技研修が伴う場合
なお，複数の聴覚障害のある人が OA 機器などの実技研修を受けるような場合，必要に応じて聴覚障害のある人一人に手話通訳者を配置する等，内容によって手話通訳者の人数が変わることもあります．
(5)　グループディスカッションではグループごとの 2 名配置
小グループ形式での研修で，複数の聴覚障害のある人がそれぞれ別なグループに参加するような場合には，それぞれに 2 名の手話通訳者が必要になります．

4. 情報保障の提供方法(マニュアル，ガイドライン)

コラム：情報保障手配の苦労話(1)

　あなたがある会議の主催者であったなら，突然，情報保障の手配が必要になったとき，実際に何をする必要があり，何が問題となるのでしょうか．

　私は電子情報通信学会の福祉とは直接は関係のない分野の研究会に属しています．このコラムでは，情報保障に関しては素人であった筆者の，その研究会での情報保障手配の顛末をご紹介しますので，その辺りを少し疑似体験していただければと思います．

　はじまりは，「重度の聴覚障害者」と仰る方からのメールでした．内容は，「貴研究会での発表は，手話通訳者を帯同しなくても視覚的に理解できる形式でしょうか．そのような情報保障が提供されるのであれば，参加を申し込みたいと思います．」ということでした．情報保障に対して心の準備がまったくできていなければ慌ててしまう所ですが，幸いなことに電子情報通信学会では情報保障ワーキンググループが立ち上がっており，私がこの研究会からの連絡員として参加していたこともあり，前向きに対応することとなりました．

　まずは手話通訳や要約筆記の通訳者の方の手配ですが，ワーキンググループからの情報をもとに，開催地の県社会福祉協議会に電話で問い合わせました．各市町村の社会福祉協議会を通じて地元の手話通訳・要約筆記サークルとの間にパイプを持っているとのことで，通訳者の手配は頻繁に行なっており対応可能です，との快いお返事をいただけました．

　しかし，この段階で既に課題も見えてきました．まずは，予算です．通訳者の方への謝礼は1時間当たり2千5百円．作業負担が大

きいため一定時間ごとに交代が必要で，必要な通訳者の人数は手話通訳で3人，要約筆記で5人とのことでした．もし，2日間の会期中フルに情報保障を行なうと，2.5千円×8人×16時間で30万円以上かかってしまいます．ワーキンググループにこれまでのやり方を尋ねたところ，予算の制約を考えると，情報保障を希望される方に参加の可能性がある時間帯をお聞きして，その間の講演に限って通訳を提供するという形にせざるを得ない，ということでした．参加希望者の方に連絡を取り，希望を伺ったところ，特に招待講演を聴きたい，また，要約筆記があれば手話通訳は不要，とのことでした．それでも数万円はかかるものの，学会で情報保障関連予算が確保されていたので，予算の問題はなんとかクリアできそうでした．

次に問題となったのは，通訳者と講演者の打ち合わせです．特に学術講演では専門用語に関する打ち合わせが非常に重要になります．通訳者への講演予稿集の提供は遅くとも1週間前，講演前の打ち合わせが1件ごとに15分以上必要，ということでした．予稿集の事前提供については，今回は予稿集の発行日が講演日の1週間前に設定されていたため，ぎりぎり大丈夫でしたが，場合によっては，特許出願上問題がないか確認のうえ，講演者に個別承諾を取って原稿を提供するとか，論文の摘要のみ提供するなどの対策が必要になります．また，招待講演者自身との打ち合わせがスケジュールの都合で困難であったため，同じ分野の専門家である研究会幹事が通訳者と打ち合わせをし，講演中も通訳者の傍らで用語の説明をするという形式にしました．

さらに，先の参加希望者への問い合わせでは，パソコンによるPC要約筆記を要望されていたのですが，PC要約筆記ができる方

は人数が非常に限られているという問題がありました．手書きの要約筆記をOHPで投影する形であれば手配可能だったのですが，筆記スピードや分かりやすさからもPC要約筆記を手配したいところでした．通信回線を通して遠隔でPC要約筆記を提供するサービスもありますが，講演会場の設備を考えると無理でした．近隣の大学の手話等のサークルも当たってみましたが，実用的なレベルの筆記能力を持つ方を急に確保することはできず，要約筆記がいかに高度な技術であるか，思い知らされました．

さて，ここまで来て，事態は一気に終息へ向かいました．情報保障を希望されていた方が，研究会に参加できなくなったのです．事前登録制ではありませんでしたし，「情報保障があれば参加を検討します」という当初からのお話でしたので，どの段階でキャンセルになっても不思議はありません．幸い今回は避けられましたが，参加希望者とは最後まで連絡を取り合わないと，不要なサービスを提供することにもなりかねないところでした．

実際に要約筆記を提供するところまで行っていれば，まだまだいろいろな問題が見えてきたと思いますが，私の体験記はここまでです．参加希望者の側からすれば，参加するか考える前に問い合わせをしてみた，というレベルだったと思いますが，それだけでも主催者側はドタバタしてしまいました．いざ情報保障の問い合わせや要望があった時に粛々と対応できるよう，事前に対応方針を検討しておくことが大変重要ではないかと，この経験を通じて感じました．

コラム：情報保障手配の苦労話(2)

　電子情報通信学会の福祉情報工学研究会は，平成 11 年の発足当初，開催場所は情報保障の手配などの都合で，東京近郊に限定しておりました．ここでは，東京地区以外で初めて研究発表会を開催した際のエピソードを紹介します．

　当時，情報保障としては，手話通訳のみを実施していました．この研究発表会でも手話通訳をつけるべく，いろいろと調べた結果，開催地区の市役所障害福祉課が手話通訳者を派遣していることが分かりました．市役所の担当者は非常に理解の有る方で，無償で手話通訳者を派遣していただくことになりました．

　さて，研究発表会当日になりました．炎天下の中，手話通訳の方が，3 人来られました．ところが，聴覚障害者の方は，どなたも参加されなかったのです．事前に，聴覚障害のある人の参加をメールにて確認していたのですが，急にご都合が悪くなったのでしょうか．いずれにせよ，手話通訳の方々からは叱られるし，福祉情報工学研究会は，障害福祉課のブラックリストに載るしということで，さんざんな結果でした．

　以上で得られた教訓は，次の通りです．まず，情報保障を行なう場合には，障害のある人の参加の確認を念入りに行なう必要があります．また，障害のある人の参加が不確実である場合は，無償の手話通訳は避けた方がよいと考えます．無償の手話通訳には，依頼が殺到しますので，このような手話通訳者を無駄に拘束してしまうと，真に手話通訳を必要とされている人にとって不利益になるからです．

このような事例を，皆様が情報保障を行なう上で参考にしていただければと思います．

(3) 遠隔手話通訳，遠隔音声認識字幕

　3.2で述べたように，高度な専門的内容に対応できる手話通訳を手配できないとき，要約筆記が手配できないときなどには，遠隔手話通訳，遠隔音声認識字幕は有効な情報保障手段となり得ます．これらの方法はまだ試験的な段階で，完全に現場での手話通訳，要約筆記の置き換えになるわけではありません(2009年4月時点)．しかし今後の技術の進歩に伴って着実に実用的なものに近づくと思われます．

　これらの技術を利用する際のコンタクト先は**巻末資料**にあります．

(4) その他の留意事項

　以下に聴覚障害のある人への情報保障に関連するその他の留意事項のまとめと補足をします．

(a) PC要約筆記の依頼に関して

　現時点では，PC要約筆記者の派遣を実施している団体はそれほど多くありませんし，PC要約筆記者の数も限られています．そこで，例えば開催を予定している時期と聴覚障害のある人の集会の日程などが重なってしまったときなどは，PC要約筆記を依頼できる団体を探すのが難かしかったり，依頼先から断られる可能性もありますので注意が必要です．すべての情報保障の準備に共通することではありますが，特にPC要約筆記に関しては，なるべく早め早めに依頼できる情報保障の派

遣団体を探して，よく相談して進めることが肝心です．

(b) 機材の準備

　機材の用意が必要な場合があるので，依頼先の団体に下記のようなことを確認する必要があります．例えば手話通訳では通訳者のための椅子が必要ですし，資料を読むために手元を照らす照明が必要な場合もあります．会場の音響状況によっては，音響の補助として小型のスピーカーがあった方が良い場合もあります．また，OHP要約筆記の場合は要約筆記用の透明なロール紙（ロールシート），ペン，OHP，スクリーンなどを用います．PC要約筆記の場合は映写用パソコン，液晶プロジェクタ，スクリーンなどを用います．これらの機材を依頼する側が何を準備する必要があるかを確認する必要があります．会場設備として機材が利用できない場合は機材を運搬したり，レンタルしたりする必要があります．

(c) 会議室等のスペースと配置

　暗い会場や逆光の場所など口型や手話が見えにくい場所では，手話通訳は難しくなります．一方，液晶プロジェクタなどを利用してプレゼンテーションを行なう場合，あまり明るい会場だと映写された画面が読みづらくなります．同じく，OHP要約筆記やPC要約筆記が映し出されるスクリーンも同様です．
そのため，
　(ア) 発話者（講演者）の位置
　(イ) 発話者（講演者）が利用するスクリーン
　(ウ) 手話通訳者の立ち位置，待機する椅子の位置

4. 情報保障の提供方法（マニュアル，ガイドライン）

　(エ)　要約筆記者の座る机の位置
　(オ)　情報保障を必要とする聴覚障害のある人の座席の位置

　などをうまく調整しないとせっかくの情報保障が台無しです．手話通訳者あるいは要約筆記者と事前に位置関係について打ち合わせしておいた方がよいでしょう．表 4.1 の聴覚障害のある人への情報保障の準備タイムフローの手配手順で「要約筆記者と通訳者の立ち位置をシミュレーション」との記載があるのはそのためです．

　また，OHP 要約筆記や PC 要約筆記の場合には，OHP あるいは液晶プロジェクタからスクリーンまで一定以上の距離が必要です．OHP あるいは液晶プロジェクタを置くためのスペースも必要です．可能ならば机や椅子を動かせる会場の方が便利です．また，会場が広い場合には，会場内で情報保障利用者の優先席をつくる必要があります．

(d)　要約筆記におけるログ（入力データ）に関する注意事項

　OHP 要約筆記の場合には使用したロールシートに要約筆記された文章が残っています．また，PC 要約筆記の場合には，要約筆記された文章がパソコン内に保存されます．これらの記録データは一般にログと呼ばれています．このログは会議の内容の確認や議事録を作成する際などには大変有用なものです．後日このログをもとに文章を起こして議事録として提供してくれる団体もあります．しかし，著作権，個人情報，その他の問題から，このログは完全に消去して主催者側にも提供しないことを規則で定めている団体もあります．ログを利用したい場合には，依頼する情報保障の派遣団体と事前に相談して，対処を決めておく必要があります．なお，概して，テープ起こしによる議事録とは異なり，ログには入力間違い等が含まれている可能性があるので注意が必要です．

巻末資料に聴覚障害のある人への情報保障の関連団体などのリストをまとめてあります．

(e) 発表者へのベルの音などの伝達

発表時間などに制限が有るとき，通常は司会者がベルなどでそれを発表者に伝えます．聴覚障害のある発表者には，紙に持ち時間の残りなどを書いて示すなどの工夫が要ります．

> **コラム**：情報保障手配の苦労話(3)
>
> 台風にはたびたび泣かされました
>
> 聴覚障害のある人向けの情報保障が台風の影響で実施できなかったことがこれまで二度ありました．
>
> 一度目は 2004 年秋の情報科学技術フォーラム（Forum on Information Technology．略称は FIT）におけるシンポジウム企画のときのできごとです．このときは，新しい情報保障手段を試験運用し，障害のある方に評価してもらうこととなっていました．聴覚障害のある人向けの新しい手段の一つが株式会社ビー・ユー・ジーの音声同時字幕システムです．これは，京都府京田辺市の FIT 会場の音声をネットワーク通信を介して札幌市にある通訳現場に送り，そこでテキストを生成して再びネットワーク経由で会場へ送り返し，スクリーンに提示するというものです．ところがシンポジウム当日の朝に通訳現場である札幌市を台風が襲いました．この台風の強さは，観光地としても有名な北海道大学のポプラ並木数本を倒したほどです．この台風の影響による停電により同システムを運用で

4. 情報保障の提供方法(マニュアル，ガイドライン)

きなくなってしまったのです．

　二度目は 2007 年の秋，やはり FIT のシンポジウム企画のときでした．まず会場である豊田市近辺の中京地域で，企画の日に要約筆記をしてもらえる団体が見つかりませんでした．そこで，筑波技術大学の遠隔地情報支援システムを活用することとしました．システム運用のためには，ビデオカメラ，マイク，パソコンなどの機材を会場に設置しなくてはなりません．これらが相当な分量になるため，公共交通機関を使うのではなく，機材を積んだ車を筑波技術大学のスタッフが会場まで運転していくことになりました．シンポジウム前日の夜につくば市を出発しましたが，台風による高波の影響で東名高速道路が通行止めとなりました．翌朝に通行止めが解除されてから車を走らせたものの，会場に着いたのは昼過ぎで，午前中のシンポジウムには間に合いませんでした．聴講者の一人からは，情報保障がないのは聴覚障害のある人にとってライフラインがないのと同じだ，台風が来ることは分かっていたのだから対応策をとっておくべきだった，とお叱りを受けました．

　私たちは，これらの失敗例から学ばなくてはなりません．まず準備・運用面では，台風の交通への影響が予測された時点で，通常の交通状況のうちにスタッフの移動や機材の輸送を行なうことです．次に技術的な面では，遠隔地情報保障のための機材をもっと手軽なサイズ・形状に改良して，宅配便などで簡単に輸送できること，更に専門のスタッフでなく一般の人でも簡単に設置できることが望まれます．しかし，最も強く望まれるのは，要約筆記者や手話通訳者がそれぞれの地方で確保できることです．学会が開かれることの多い平日に，学会のような専門的な内容でも引き受けてもらえる団体

が，例えば政令都市に一つずつでもあれば，上のような機材や人の移動やネットワーク回線の確保にかかる問題はかなりの部分が解消します．

4.1.3 肢体不自由の人への配慮

　福祉情報工学研究会のホームページで公開している「学会・研究会等における情報保障マニュアル」は肢体不自由の人の移動やプレゼンテーションについては扱っていません．これに関するものとしては，「学会・研究会等会場へのアクセス配慮チェックリスト」があります．

　このチェックリストは，車椅子を利用しておられる方々の声や，5.2.3 で説明する「バリアフリー新法」などをもとに，最低限必要と思われることがらを表したものです．会議などを開く会場を検討する際には，主催者として事前に1回は下見に行って，このチェックリストをもとにいろいろなことを確認しておくことが望まれます．理想的にはこのチェックリストがすべて Yes で埋まる会場を選ぶことですが，なかなかそうはいかないのが現実です．いくつかは代替策を考えなければなりません．そしてそのことを事前に知らせておくことが望まれます．

　道路や歩道で未舗装のところはほとんどなくなりましたが，破損したままになっている場合や，陽当たりの良いところでは，街路樹が育ちすぎて，根が舗装を持ち上げてしまって，凹凸ができているところなどがあります．また，グレーチングなどの"落とし穴"があることがあります．グレーチングとは鋼材を格子状に組んだ溝蓋のことで，道路の排水路にかける蓋に用いられています．格子の目が大きいと車椅子の前輪（キャスタ）が落ちてしまう危険性があります．

4. 情報保障の提供方法(マニュアル,ガイドライン)

表4.3 学会・研究会等会場へのアクセス配慮チェックリスト

No	ガイドライン項目	チェック項目	Yes	No
1	車椅子ユーザが最寄り駅を利用できるか	エレベータがある		
		エレベータがない場合,エレベータ以外のアクセスが可能である(例:階段昇降の機械(エスカル等),エスカレータは×)		
2	最寄り駅から会場となる建物へのアクセスは良いか	段差がない(2cm以上)		
		急勾配の坂がない(5%以上)		
		経路上には格子の幅の広いグレーチングがない		
3	交通の便などの理由により,車椅子ユーザは自動車を利用することがある	駐車場を利用できる		
4	会場となる建物入り口と内部のアクセスは良いか	エレベータがある		
		段差がない(2cm以上)		
		急勾配の坂がない(5%以上)		
		戸口の幅は十分に広いか(80cm)		
5	会場となる建物内に身障者用トイレ(あるいは多目的トイレ)があるかどうか	開催会場から車椅子で行ける範囲にある		
6	開催会場内のアクセスが良いかどうか	戸口の幅は十分に広い(80cm)		
		通路の幅は十分に広い(90cm)		
		急勾配の坂がない(5%以上)		
		机と椅子が可動式である		
7	電動車椅子ユーザの場合,充電が必要なことがある	電動車椅子が近づけるところにAC電源がある		

　駐車場が近くにない場合は,特別に依頼して,私有地内に駐車場所を確保してもらうことが必要になります.障害のある人自身が,「駐車禁止除外指定車証」を持っている場合でも,どこにでも停めてよいというわけではありません.駐停車禁止の道路標識等がある場所や長時間の駐

車は禁じられています.

　鉄道の駅は最近急速にバリアフリー化が進められ，エレベータが設置されているところが多くなりました．しかし，まだまだエレベータが無かったり，段差があったりするところも多いのが現状です．

　最寄り駅にエレベータや階段昇降機がなく，車椅子の人が単独では利用困難であることが判明した場合，別の駅を使うルートなどの代案を事前に知らせることが必要です．なお，いろいろな駅の情報に関しては，各駅のホームページや，交通エコロジー・モビリティ財団による「らくらくおでかけネット」(http://www.ecomo-rakuraku.jp/rakuraku/index/)で，トイレや車椅子用の設備の有無などが調べられます．

　最寄り駅から会場へのアクセスについても同様で，あまり段差や坂が多いときは代案ルートが必要です．スロープの勾配「5%」とは1mの長さに対して5cm上る際の勾配(20分の1，1/20)，角度としては約3°です．勾配「5%」未満が理想ですが，実際には急勾配の坂やスロープも多くあります．スロープの勾配は，

　　1/20　（約3°未満）ほとんどの場合で利用できる
　　1/20　（約3°以上）　1/12　（約5°未満）利用できることが多い
　　1/12　（約5°以上）　1/8　（約7°未満）利用できないケースもある
　　1/8　（約7°以上）利用ができないことが多い

くらいを目安に考えて下さい．

　車椅子でも利用できる多目的トイレは，あるかどうかの確認だけではなく，実際に利用可能かどうかを確認する必要があります．第3章で述べたように，"管理上の問題"から鍵がかかっていたり，トイレットペーパーがなかったり，水が出なかったりして，いきなり行っても使えない

4. 情報保障の提供方法(マニュアル，ガイドライン)　　107

図 4.5　駐車禁止のところに停めてある車

場合もあります．

　車椅子用トイレ近くにない場合は，先にも述べたように，ふつうの洋式トイレで代用できることもあります．ただし，トイレの入り口を車椅子で通れるかどうかはチェックする必要があります．ときどき，内部が複雑になっていて，車椅子では曲がれないようなところがあります．洋式トイレは女性用にしかないところもあり，これを男性にも使わせるようにして代用することがありますが，これは当然のことながら避けたいものです．

　戸口の幅は，たいていの建物では問題ないと思いますが，ときに古い建物や，特殊な部屋では車椅子が入れないことがありますので，注意が必要です．手動の車椅子の場合はいったん降りてもらって，折り畳んで通すことができますが，電動車椅子ではこれができないものがあります．

　ドアは自動ドアだと便利です．しかし，横にスライドするのではなく，折りたたみ式ドアが手前に開くものがありますが，これは車椅子にぶつ

かることがあり危険です．手動に設定しておくなどの準備が必要です．また，建物の入り口にある回転式ドアは車椅子では危険です．別のドアを使えるようにしておかなければなりません．

　会場の机や椅子が固定式の場合でも，一部が床への取り付けネジが外せるようになっている場合もあり，そこを車椅子用のスペースにできます．ただし，外した机や椅子を別の場所に置かなければならないなど，付随した作業が発生しますので，会場管理者に確認して下さい．

　電動車椅子は，通常時速 4.5 km くらいで走行しますが，普通のものは走行時間が 2 ～ 2.5 時間くらい（走行距離 10 km 程度）で充電が必要になります．充電は普通の交流 100V コンセントが使えます．ちなみに，一定の基準を満たした普通の電動車椅子は最高時速 6 km で走行し，歩行者扱いとなっていますが，それ以上の速度を出すものや，基準を満たさないものは車両の扱いになります．

　介助犬を利用する人が来られる場合，食堂，レストランなどでの理解が必要です．介助犬は，盲導犬に比べてまだ数も少なく，認知度も低いのが現状ですが，今後は利用者が増えてくるものと思われます．なお，会場がじゅうたん敷きになっていると，犬の爪が引っかかって歩きにくいという問題がありますので，じゅうたんがない方が望ましいでしょう．

　肢体不自由のある人だけではなく，視覚障害のある人にもいえることですが，移動上のバリアがあるために参加を諦める人がいることが想像されます．これは会議やセミナーを開催する立場にとって大きな問題です．ここに述べたような配慮をすることはもちろんですが，一方，会議やセミナーに直接参加しなくても，情報を入手すること，講演者自身の話を聞くこと，講演者に直接質問をすることなどを，通信技術や遠隔会議システムを利用して実現することも今後可能になってくると思われま

4. 情報保障の提供方法(マニュアル，ガイドライン) 109

す．

3.3.2に述べたような発表者のためのパソコン入力支援装置や音声合成発声装置などは，個人の使い慣れたものである必要があるので，原則的にその人に自分で用意してもらうのがよいでしょう．

> **コラム：車椅子利用者の立場から**
>
> 　鉄道及びバスのバリアフリー化が進み，会場に行くことは随分楽になりましたが，大学は意外にバリアフリー化されておらず，車椅子利用者にとっては問題の多い場所です．まず古い建物でエレベータが設置されていないところが多いのはある意味で仕方がないとしても，比較的新しい建物であっても，教室全体が固定式の椅子だったり階段教室になっていて一番後ろか発表者のすぐ前でないと発表が聞けないこともよくあります．
>
> 　また，発表者として参加する場合にはステージのバリアフリー化がされていない事例にも数多く出くわします．階段でしか昇れないステージに車椅子のまま昇ろうとすれば，四隅を持って持ち上げてもらう必要があり転落の危険も生じます．
>
> 　さらに，車椅子を利用していて一番もどかしく思うことは発表者などに質問しに行けないことです．歩ける場合には発表者の席に近付き，他にも質問者がいれば，その後ろで待てますが，車椅子だと質問したいという意思を発表者に伝えること自体がかなり難しくなってきます．
>
> 　以上は会場内のことですが，会場外でもいろいろな問題に遭遇します．例えば，ある大学で車椅子トイレに入ったら内側から掛ける

> カギが初めからまったく取り付けられていなかったこともありました．大学の名誉のために名前は伏せますが，これはいわゆる旧帝国大学で，社会的にはちゃんとした大学と考えられているところです．
> 　車椅子で移動する場合，歩道と車道の間にスロープがなく，目的地を目前にしながら，スロープがある場所までずっと戻って再度車道を通って会場に行かなければならないこともあります．また，フロアの一部に数段段差があり，ある部分だけは車椅子が通れないこともあります．
> 　会場の下見をされる方は車椅子利用者になったつもりで，きめ細かく注意を払い，なるべく分かりやすい経路で会場に着けるようご配慮いただければありがたいと思います．

4.2　講演者，発表者のために

　効果的な情報保障を提供するためには，著者・講演者に，障害のある人への情報保障の必要性を理解してもらうことが最も肝要です．本節では，会社，講演会，学会などの場でプレゼンテーションを行なう講演者・発表者の方に，情報保障について配慮していただきたいことがらを説明します．以下では視覚障害，聴覚障害，肢体不自由などの障害別ではなく，障害のある人全体への情報保障という観点から述べています．

　情報保障のため，著者・講演者に求められる対応はそれほど多くはありません．著者・講演者は，情報保障の流れをあらかじめ把握しておくと，資料の提供を求められても慌てなくて済みます．また，主催者側としても情報保障への対応が大変な手間だと感じることも少なくなるでしょう．

4. 情報保障の提供方法（マニュアル，ガイドライン）

　情報保障のための具体的な対応は，以下のように，資料や原稿作成時の配慮，PowerPointなどで作成されたプレゼンテーション資料作成時の配慮，各資料ができあがった時点での電子ファイルの提供，そして発表時の配慮となります．

(a)　資料作成時の主な配慮事項
・図・表の内容を本文中で充分に説明する．
・機種依存文字の使用を避ける．
・見た目の体裁を整えるために空白を入れたりしない．

(b)　プレゼンテーション資料作成時の主な配慮事項
・大きな文字サイズを使う．
・フォントはゴシック体が望ましい．
・背景と，文字・図などのコントラストを充分に取る．
・色の違いだけで情報を伝えない．

(c)　発表時の主な配慮事項
・指示代名詞の多用や，「このようになります」といった説明の省略を避ける．
・図・表を説明するときは，言葉だけでも充分意味が伝わるように話す．

　これらの配慮を行なうことで，障害のある人のみならずすべての人に分かりやすい発表とすることができます．なお，電子ファイルの提供にあたっては，著者・講演者にスクリーンリーダーで扱いやすいテキストファイルへの形式変換を求められることがあります．

4.2.1 資料作成のガイドライン

この資料作成ガイドラインでは，資料の点字化や読み上げソフトによる音声化のときに生ずる問題点，ロービジョンや色覚障害[注1]への配慮を中心に述べています．

(1) 点字化，音声化への配慮

漢字仮名交じりの文字情報を点字化や音声化するためには，表音文字である「仮名表記」に変換しなければなりません．私たちが普段用いている漢字は表意文字であり，それを「仮名表記」にすると，日本語では同音異義語，同形異音語が多いため，意味の理解が難しくなることもあります．同音異義語，同形異音語などを含んだ漢字仮名交じりを仮名表記にしたときの解釈の多義性の問題の解決は，いかに文脈情報を利用しても現在の点訳システムの機能では限界があり，書き手側の配慮に依存しています．

正確な意味を伝えなければいけない文章では，別な単語や表現を用いたり，補足説明を付加したり，送り仮名の付け方を変更する，などの工夫が必要です．

＜例　同音異義語＞

「てんじだけでは，　じゅうぶんに　ひょうげん　できない　ばあいも　あります．」

下線を引いた「てんじ」だけでは，「点字」なのか「展示」なのか後続する文を聞いても判断しにくいですね．この文の前後の文脈から判断することは，できるかもしれません．次に示しますように，この1文のみであいまいさを回避するためには，下線を引いたような簡単な補足説

明をつけることにより，単語の特定を容易にします．

「6点の点字だけでは，充分に表現できない場合もあります．」

「ポスター展示だけでは，充分に表現できない場合もあります．」

＜例　同形異音語＞

「今日の技術革新には，目覚ましいものがあります．」，「今日の講演は，革新的な技術についてです．」

これは，有名な同形異音語の例です．はじめの例文は「こんにち」であり，次の例文は「きょう」と音声化，点字化したいはずです．この場合には，最初の例文の「今日（こんにち）」を「現在」と置き換えることにより，同形異音語の読み問題を回避できます．

＜例　送り仮名＞

「この文章には，音声読み上げへの配慮を行った．」

下線部の「行った」には，「おこなった」と「いった」の2通りの読み方があります．この例文では，「はいりょをいった」になってしまうことがあります．この例では，「行」の送り仮名を活用語尾の前の音節から送り，

「この文章には，音声読み上げへの配慮を行なった．」

とするか，可能ならば時制を変更して，

「この文章には，音声読み上げへの配慮を行う．」

とすることにより，読みの多義性を回避できます．

(2)　漢字の読みへの配慮

人名や地名などの固有名詞は，何種類か読み方があったり難読だった

りします．また，医学用語のように難しい専門用語では，どのように読んでよいのか悩んでしまう場合もあります．該当する専門分野をカバーしている音声化辞書や点訳辞書を使えば，ある程度正しく仮名表記へ変換することが可能です．しかし，常にその分野の専門用語辞書で対応できるとは，限りません．

　正しい仮名表記を得なければいけない場合には，初出の箇所にルビを振るか注釈で読みを記載するとよいでしょう．正しく仮名表記に変換できないことにより，内容自体の理解が不充分になってしまう可能性もあります．このことは，読みが分からない晴眼者にもいえます．特に，重度の聴覚障害のある人は読み音声を聴くことが難しいのですから，この配慮は重要になります．

　＜例　固有名詞＞
　「名前：<u>東海林</u>太郎」，「地名：茨城県結城市<u>七五三場</u>」
　名前の例では，下線を引いた「<u>東海林</u>」の読みは「しょうじ」と「とうかいりん」と2通りの可能性があります．地名の例では，その地名を知らないとなかなか「七五三場」を「しめば」とは読めません．

　＜例　難しい専門用語＞
　「第4鰓弓の鰓裂後枝は上咽頭神経です．」
　この例では，「鰓（えら）」の音読みが「さい」と分からなければ読みこなせませんね．この文の読みは，「だい4　さいきゅうの　さいれつこうしは　じょういんとう　しんけい　です．」となります．

4. 情報保障の提供方法(マニュアル，ガイドライン)

(3) 特殊記号や機種依存文字への配慮

特殊文字や機種依存文字は，表記が変わってしまう場合があります．音声化の可能性のある資料は，できるだけ一般的な文字と記号を使うとよいでしょう．

＜例　特殊記号＞

「○●◎☆★」，「①②③」，「(^-^)　:-)」

ここでは，すべての例を挙げることはできません．特に，点字化のときに注意を要する記号を挙げています．はじめの「」内の記号は，ある程度正しく読まれますが，点字にはこれらに対応した記号はありません．次に示すように，これらの記号は単なる「○」，「×」だけの表記となってしまうことがあります．

　○：音声化「まるじるし」，点字「○」
　●：音声化「くろまるじるし」，点字「○」
　◎：音声化「にじゅうまる」，点字「○」
　☆：音声化「ほしじるし」，点字「×」
　★：音声化「くろぼし」，点字「×」

したがって，点字化の配慮を行なう時には，これらの記号は避けアルファベットなどを使うことをお勧めします．

2番目の「」内の丸に数字は，点字にない記号です．これら丸数字記号は，括弧付きの表記に変わってしまいます．

　①：音声化「まるいち」，点字「(1)」
　②：音声化「まるに」，点字「(2)」
　③：音声化「まるさん」，点字「(3)」

3番目の「」内の顔文字などの絵文字は，文字通りの記号で読まれて

しまうため書いた人が伝えようとしている意味は伝わらないでしょう．
(4) 体裁を整えるときの配慮

　文章の体裁を整えるために，一つの単語内に空白を挿入して1単語全体として文字数を統一する場合があります．しかし，読み上げソフトや点訳ソフトでは，単語内に体裁のための空白があると理解しませんから，期待する音声化や点字のための仮名表記を出力しないかもしれません．音声化や点字化のためには，単語内に空白を挿入することを避けるべきです．

　　＜例　体裁＞
　ここでは，「住所」，「所属」を1単語当たり3文字で体裁を整えた例を示します．体裁のために空白が挿入されると，次のように変換されてしまうことがあります．
　　・住　所：音声化「なかてん　じゅう　ところ」，
　　　　　　　点字「・すみ　ところ」
　　・所　属：音声化「なかてん　しょ　ぞく」，点字「・ところ　ぞく」

(5) 図への配慮

　読み上げソフトや点訳ソフトの処理する対象は，資料のテキスト部分のみです．画像は処理の対象外となります．晴眼者は図を見れば分かるため，本文中に「詳細は図を参照して下さい．」とすることがありますが，図を見ることのできない人には何も理解できなくなってしまいます．多くの人に理解しやすい資料とするためには，本文中に図の説明を簡潔に入れ，図の表題を適切に付けることをお勧めします．ただし，図番号，

図の表題をも画像化して貼り付けると，せっかく表題を詳細に記述しても，画像化されたものを読み上げたり，点字化したりすることはできません．

なお，図番号，図の表題は，図の前に付けるようにしておくと，この部分が先に出てきますので，その次に来るのが図であることが分かり，上記のように，何も読み上げないか，わけの分からない内容になったとしても，視覚障害のある人は助かります．ただし，学会，出版の規則では図番号，図の表題は図の下に付けるということになっていますので，学会論文などの場合にはそちらに従う必要があります．

また，資料中の図のイラストや写真にカラーを用いることが増えてきました．しかしカラーでは見やすくても，白黒で印刷されると不鮮明になってしまうことがあります．資料提出前に，白黒モードでプリンタへ出力し，それでも伝えたい内容を充分に判別できているか調べることをお勧めします．ちょっとした手間をかけることで，作成された資料は，誰にでも見やすいものとすることができます．

(6) 表への配慮

視覚では，表のように二次元的なものでも同時に観察，理解することができます．音声や点字では縦，横二次元の情報を同時に受け取れないので，表の理解は難しく，分かりにくいものになってしまいます．印刷された点字は，墨字に比べて1行に入る文字数が少ないので，表の1行分が何行にもわたってしまう時もあります．表を合成音声で読み上げるときには，通常，左から右，そして上から下方向となりますので，行や列の数が多くなると，理解が困難となってきます．音声は揮発メディアですから，読まれる先から消えて次の読み上げ音声が出てきています．

表4.4，表4.5のような表を音声や点字で理解することを想像していただけるとお分かりと思いますが，人は一度に記憶できる情報に制限があるため，音声や点字から二次元の表を理解するのはなかなか困難です．そこで，重要な表には本文中にも説明を記載する工夫をするとよいでしょう．図の時と同様に，表の表題を適切に付けることをお勧めします．また，表番号，表の表題を含めた表全体を画像化して貼り付けることは避けるべきです．単に語句の説明的な表は，表とせずに箇条書きの項目として本文中で扱うよう配慮があってもよいかもしれません．表の番号や表題は，表の前に書いておくことが望ましいといえます．

＜例　二次元の表＞

単純な4行4列の表の例

表4.4　リンゴ・みかん・バナナの売上げ表

品目	単価(円)	個数	合計(円)
リンゴ	150	3	450
みかん	50	5	250
バナナ	30	5	150

セルの結合を伴う5行6列の表の例

表4.5　リンゴのサイズごとの売上げ表

品目	サイズ	単価(円)	個数	合計金額(円)	
				サイズ	品目
リンゴ	L	150	3	450	1210
	M	130	2	260	
	S	100	5	500	

(7) グラフへの配慮

眼から入った光は，視神経を経由して大脳皮質の視覚中枢で視知覚を

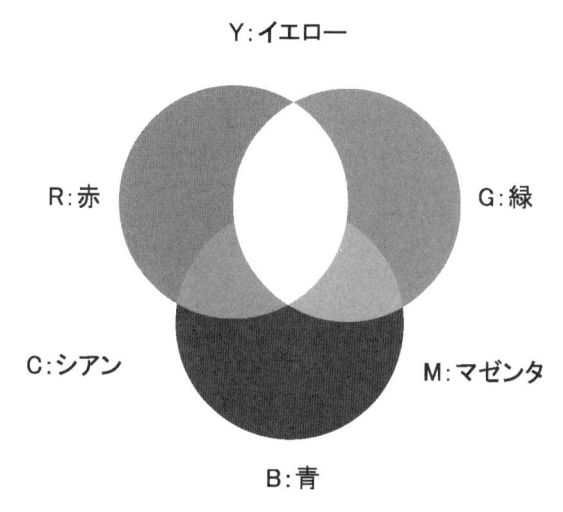

4. 情報保障の提供方法(マニュアル, ガイドライン) 119

図4.6 光の三原色 RGB の加法混色

生じます．表色系とは，視覚からの光刺激により生ずる色知覚を表す体系です．図 4.6 には，光の三原色 RGB での加法混色の例を示します．光の加法混色では，「赤＋緑＝イエロ」，「緑＋青＝マゼンタ」，「青＋赤＝シアン」，そして「赤＋緑＋青＝白」となります．RGB はテレビモニタの発色原理です．絵の具などの色の三原色は，シアン，マゼンタ，イエロー(CMY)での減法混色です．減法混色では，CMY すべてを混ぜると黒になります．表色系には，色知覚に基づいた心理的な色の三属性「色相(色合い)，明度(明るさ)，彩度(鮮やかさ)」を用いて，定量的に表す方法があります．色相とは，赤，青，紫，橙など色の属性を表しています．明度とは，明るいとか暗いとかの明るさを表します．無彩色で明度は，白から黒までのグレースケールの範囲の値を取ります．彩度とは，色の鮮やかさを表します．

さて，グラフや図などで情報の性質の違いを色情報を用いて表現する

場合があります．色の利用は，視覚の三次元的なものの同時処理の特性から有効な手段となります．しかし，資料は常に通常の色覚の人のみが見ているとは限りません．かなりの割合で色弁別特性に障害のある人がいます．日本人の男性の約5％，女性の約0.5％が，赤を弁別しにくい1型2色覚（旧第1色盲）と，緑を弁別しにくい2型2色覚（旧第2色盲）といわれています[注1]．

図4.6は光の三原色の加法混色の図です．まず，色覚障害のある人の見え方の例を図4.7に示します．この図で，図4.6の図を見た場合の，(a)は1型2色覚，(b)は2型2色覚のある人の見え方を横浜国立大学で開発された色覚シミュレータを用いてシミュレーションした結果です．これはあくまで例であり実際の見え方は，錐体の色弁別特性，見る照明条件，図の大きさ，印刷の色再現性など様々な条件に影響されますので，この図と同じとは限りません．この例から色覚に障害のある人には，色相（色合い）の違いの識別が容易でないことがあることを分かっていただけると思います．正常な色覚の人には容易に差異を判定できる色だとしても，色覚障害があると差異を容易に判定できない色の組み合わせもあります．

分かりやすいグラフにするためには，明度や彩度の差を付けるとともに，パターン模様を用いたり，引き出し線により項目名称を記載したりするなど，色以外の情報提示を併用することをお勧めします．

また，4.2 (5)「図への配慮」でも述べたように，資料は常にカラー印刷されるとは限りません．図の時と同様に，出来上がったグラフは白黒モードでプリンタへ出力し，伝えたい内容を充分に判別できるか調べることをお勧めします．

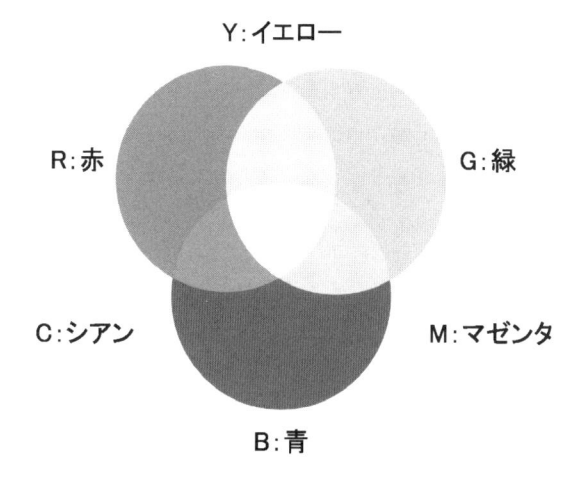

4. 情報保障の提供方法(マニュアル，ガイドライン)　　121

(a) 1型2色覚

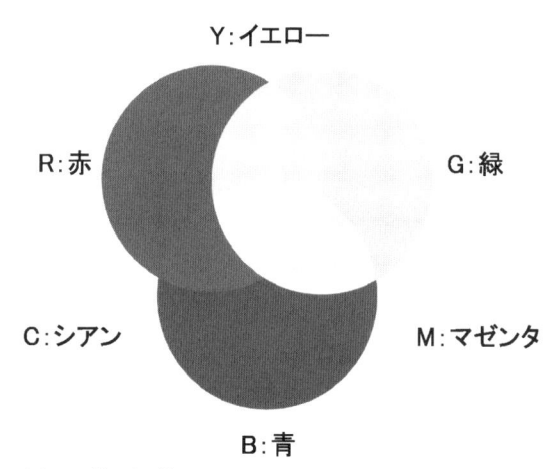

(b) 2型2色覚

図 4.7　1型2色覚と2型2色覚の光の三原色の見え方のシミュレーション
出典：岡嶋克典，神戸秀，村上和也，荒井観，小田将史：カラーユニバーサルデザインのためのヒューマンインタフェース評価システム，ヒューマンインタフェース学会，HI2008, pp.941-944，2008

＜例　円グラフ＞

次の値から円グラフを作る場合の説明をします．

データ項目：A項目，値：40%

データ項目：B項目，値：25%

データ項目：C項目，値：20%

データ項目：D項目，値：10%

データ項目：E項目，値：5%

図4.8は，色情報を用いた円グラフと右側に色の対応と項目名の凡例を表示しています．色覚障害のある人には，色の組み合わせを明瞭に判別できるとは限りません．図4.9は，この色情報のみによる円グラフを白黒で表示した例です．このグラフの白黒印刷では，C項目の黄色とD項目の水色の判別ができなくなっています．そこで，図4.10には，色による情報の提示ではなく，白黒でのパターン模様による情報提示に変更した例を示します．柄の違いの大きなパターンを用いることにより，パターンの違いで項目の違いを容易に判別できることが分かります．パターンを用いるときには，大きなグラフの状態では違いを容易に把握できても，資料内に挿入されてグラフが小さくなったとき，パターンの判別が難しくなる時があることにも注意して下さい．このときには，パターンの違いとともに模様の密度も考慮するとよいでしょう．図4.11には，色情報とともに引き出し線により項目名称の説明を付加した例を示します．図4.12には，白黒でパターン模様の違いとともに引き出し線により項目名称の説明を付加した例を示します．

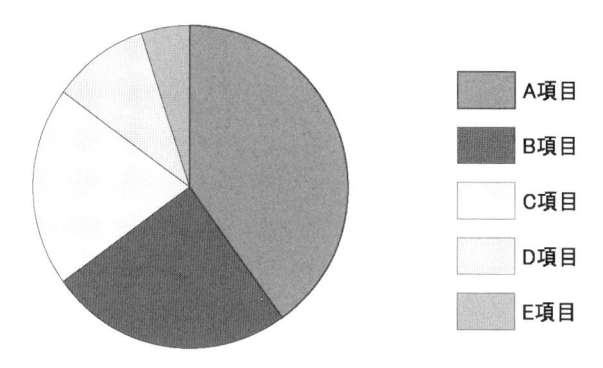

4. 情報保障の提供方法(マニュアル，ガイドライン)　　**123**

図 4.8　色情報のみを用いた円グラフ

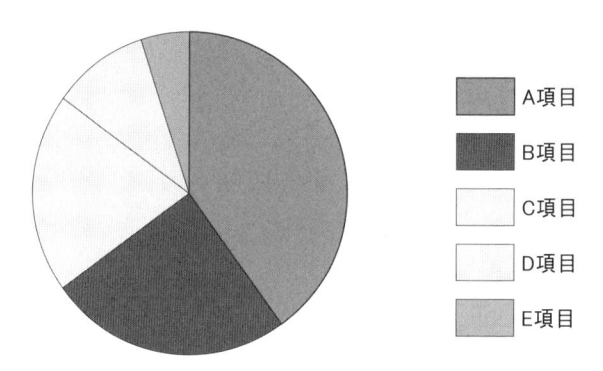

図 4.9　カラー表示の円グラフを白黒で印刷時

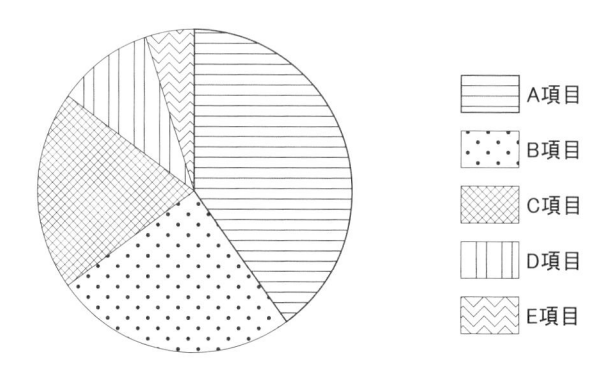

図 4.10　カラー表示の円グラフを白黒でかつパターン模様を用いて表現

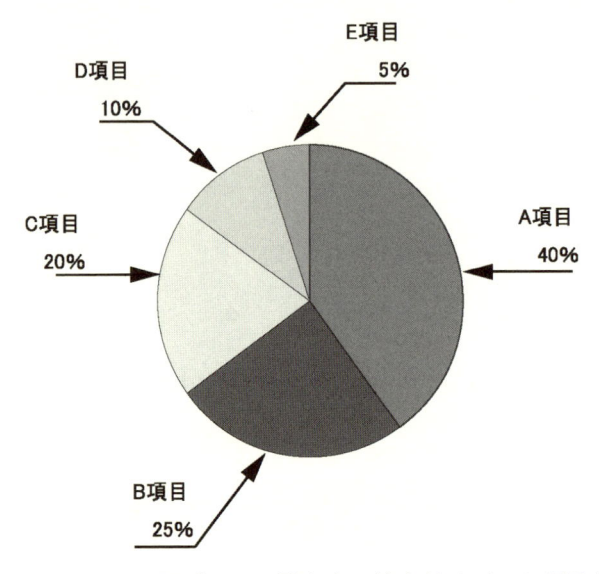

図 4.11　カラーの円グラフに引き出し線を付けデータ項目を付加

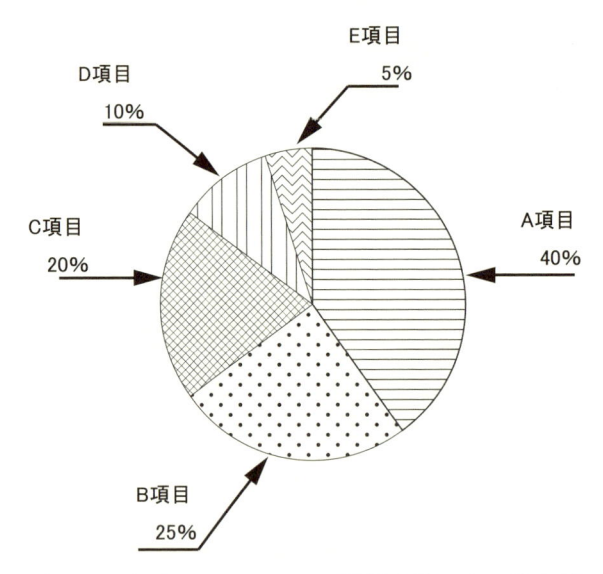

図 4.12　円グラフを白黒でかつパターン模様を引き出し線を付けデータ項目を付加

(8) その他，人に優しい資料のための一般的な配慮

(a) 略語への配慮

専門用語などを略語表記する場合には，初出の箇所の本文か脚注にフルテキストを付けることが望まれます．ある分野で普通に使われている略語でも，別の分野では異なった意味として用いている場合もあります．また，普段接する機会があってなんとなく知ってはいても，正確な日本語単語や英文のフルスペルを知らない場合もあります．

＜例　英語略語＞
「画質の評価には，MOS を用いた．」，「ALS 患者への日常生活支援機器」

はじめの例では，単に「MOS」と書かれたとき，すぐに「Mean Opinion Score」と分からないかもしれません．半導体分野では「MOS」は「Metal-Oxide Semiconductor（金属酸化膜半導体）」です．この場合には，「画質の評価には，MOS (Mean Opinion Score：平均オピニオン評点)を用いた．」などとするとよいでしょう．二つ目の例では，「ALS」という略語に接する機会はあってもその正確な日本語単語やフルスペルを知らない場合もあります．そこで，「ALS (Amyotrophic Lateral Sclerosis：筋萎縮性側索硬化症)患者への日常生活支援機器」などとするとよいでしょう．

(b) 文字サイズへの配慮

人は加齢とともに視機能が低下します．学会などの資料には1講演当たりの制限ページ数を設定してある場合があります．指定文字サイズでは制限ページ数を超えてしまう時，執筆者によっては，内容を吟味して短縮するのではなく，多くの情報を記載するため，指定より小さな文字

サイズを使用している例を見かけます．同様に，表や図面に多くの情報を記載しようと，普通でも小さくなりがちの文字サイズを，さらに小さくしてしまう場合も見受けられます．重要な項目は，小さなサイズを用いない配慮が必要です．

・例　フォントサイズ　12pt（ポイント）から 4pt までの 6 例文

12pt 読者のみなさん，どこまで読むことができますか？
　10pt 読者のみなさん，どこまで読むことができますか？
　　8pt 読者のみなさん，どこまで読むことができますか？
　　　6pt 読者のみなさん，どこまで読むことができますか？
　　　　4pt 読者のみなさん，どこまで読むことができますか？
　　　　　2pt 読者のみなさん，どこまで読むことができますか？

(c)　明瞭な表現とする配慮

　プレゼンテーション資料には，それを書く目的があります．一般的に，文章を書くときには，書くべき内容を頭の中で整理して，明瞭で分かりやすい表現を工夫されていると思います．しかし，書いた人自身は，内容が頭に入っているため，分かりにくい表現になっていることに，意外に気が付かない時があります．書いた文章は，内容を理解できるか，明瞭に記述されているかなどを，第三者に読んでチェックをしてもらうとよいでしょう．分かりやすい文章を書くには，「主語，目的語，述語が明瞭で，係り受けの曖昧性はないか」，「複雑な文構造をしていないか」，「代名詞を多用していないか」などに注意を払うことも必要です．

　　＜例　係り受けのあいまい性＞
　「太郎はテニスをしながら笑っている花子を見た．」

この例文では，テニスをしていたのは太郎なのか花子なのか特定できません．この例文では，句点を打つことで係り受けのあいまいさを回避できます．例えば，太郎がテニスをしているのであれば，「太郎はテニスをしながら，笑っている花子を見た．」とします．花子がテニスをしているのであれば，「太郎は，テニスをしながら笑っている花子を見た．」とします．

4.2.2 プレゼンテーション資料作成のガイドライン

会議や講演会では，「PowerPoint」などの電子プレゼンテーションソフトで作成し，液晶プロジェクタにより拡大投影されることが多くなりました．数人のミーティングから何百人の聴衆を対象とした講演まで様々な状況で液晶プロジェクタが用いられます．講演者は，会場の大きさや参加する対象者などを想定して，プレゼンテーション資料を作成する必要があります．ただし，以下で述べる配慮は，会場の広さ，照明環境，液晶プロジェクタの性能，スクリーンへの投影サイズなどの諸条件に依存する部分もあります．

また，学会のポスター発表や商品などの展示会などでは，Ａ０サイズ（841mm × 1189mm）などの大きな用紙に説明すべき内容を印刷して，ポスターの周りに集まった人々へ対面形式で説明します．ポスター作成時に配慮すべきことは，プレゼンテーション資料とほぼ同じと考えることができます．

先に述べたように，日本人男性の約5％が色覚障害の可能性があります．プレゼンテーション資料作成で色に対するアクセシビリティ確保が，重要な課題となります．

(1) 使用する文字への配慮

　プレゼンテーション資料に用いる文字の大きさは，概ね 24 〜 40 ポイントを推奨します．表や図面の説明に用いる文字は，どうしてもバランスや多くの事項を記載するため小さい文字サイズを用いてしまいやすいようです．その場合でも最小でも 24 ポイント以上の文字サイズを用いることを推奨します．

　文字フォントの書体は，文字の縦横の線太さが均一な「ゴシック体」系を用いることをお勧めします．明朝体は，横線が細くなっていて美しく見えます．同じ距離から見たときに，ゴシック体と同じ視認性を得るためには，より大きなサイズの明朝体を用いなければなりません．そこで，どうしても 20 ポイント程度の小さなサイズを用いなければならない時には，ゴシック体で更に通常より線幅が太くなっている強調体の「ボールド」を用いることで，小さく見えにくくなることを補ってくれます．どうしても明朝体系を用いる場合には，ボールド表示にするとよいでしょう．

　これらの配慮は，ロービジョンの人にとって見やすくなるだけでなく，多くの人にとって優しい配慮になります．

＜例　文字サイズと書体＞
10pt 読者のみなさん，これは明朝体です．
9pt 読者のみなさん，これは明朝体です．
9pt 読者のみなさん，これは明朝体のボールド表示です．
9pt 読者のみなさん，これはゴシック体です．
8pt 読者のみなさん，これはゴシック体のボールド表示です．

この例は，明朝体 10 ポイントと 9 ポイント，明朝体 9 ポイントのボールド表示，ゴシック体 9 ポイント，ゴシック体 8 ポイントのボールド表示です．さて，読者の皆様は，どの書体が見やすいですか？ 大きな会場の最後尾の座席からスクリーンに映し出された資料を見ていることを想像しながら，本書をだんだん遠ざけて見てみて下さい．

(2) 図，表，数式の大きさへの配慮

プレゼンテーションに用いる図，写真，表，数式で配布される印刷物になく重要なものは，できるだけ大きく作るように心掛けて，中に書かれている文字などの必要な情報も容易に理解できるようにして下さい．ここで注意しなければいけないことは，手元の資料に同じ図表があったとしても，プレゼンテーション資料の方には更に書き込みなど重要な情報を追加・修正・削除して表示している場合です．このような場合には，どこの部分が変更されているかすぐに理解できるように，対象部分を拡大したり，色覚障害のある人にも分かるような方法でマークしたりするなどの工夫をして下さい．プレゼンテーションに用いる図表には，文字などの記述情報を小さくしてでも，内容の理解促進のために全体像を提示しなければならない場合もあります．しかし，視覚情報が無く音声のみで聞いている人は，複雑な図表になればなるほど，説明の進行とともにどこの部分を説明されているか分からなくなり，頭の中が混乱してしまうかもしれません．聴覚障害のある人にとっては，更に深刻な理解不足になってしまう可能性もあります．そこで，全体の把握できる資料のこれからどこを説明するかその箇所にマークを入れ，その部分を次に表示するプレゼンテーション資料では，拡大して重要な情報を理解できるように説明できる資料作成をするように心掛けて下さい．

なお，グラフでは縦軸や横軸の名称や単位を，表では項目名や単位を，数式では式番号などを省略したり書き忘れたりしがちです．プレゼンテーション当日の説明補助に使えることがあります，これらの情報の記載も忘れないように心掛けましょう．

(3) 背景色と文字色への配慮

かつてオーバーヘッドプロジェクタ(OHP)を用いて，講演をしていた頃には，凝った色使いは手間がかかるためあまりしていませんでした．最近は，電子プレゼンテーションツールの急速な普及に伴い，講演者のプレゼンテーション資料は，華やかな色使いのものが増えてきました．しかし，4.2.1(7)グラフへの配慮で述べましたように，色覚障害のある人には，色の組み合わせ，及び，明度差，彩度差を確保することへの配慮が必要です．重要な情報提示手段としての，色情報のみによる強調表現手法の多用は避けて下さい．資料は，明度の差や彩度の差を充分確保するなど工夫をして下さい．重要表現では，色情報のほかに，文字サイズを周囲より一回り大きくする，強調のボールド体を用いる，斜体文字にする，下線を用いる，などを併用することで資料全体の視認性を向上させて下さい．

会場の液晶プロジェクタで投影したら，「自分のパソコンで作ったときにはよく見えていたのに，こんな配色になっている，これじゃ読めない！」と焦りながら弁解している講演者を見かけることがあります．プレゼンテーション資料を作成している時のモニタで見るときの色の見え方と，講演会場の液晶プロジェクタにより投影された時の色の見え方が異なることがあるので注意して下さい．可能であれば，講演される方は会場へ早目に行って事前にチェックされることをお勧めします．もし，

投影されたプレゼンテーション資料に見にくい色などあれば，講演開始までに変更することも可能です．

　背景色と文字色については，背景が黄色で文字が白では読むことができないと思います．また背景が赤で文字が緑ではやはり読みにくくなっています．一方，背景が濃紺で文字が白だと明度の差が充分確保でき読みやすくなっています．図 4.13 の配色の図の，図 4.14 (a) は 1 型 2 色覚，(b) は 2 型 2 色覚の見え方の例です．この図も，図 4.7 と同様に，様々な条件に影響されますので，実際の見え方と異なることがあります．読みやすさは，明度差を充分確保した背景が濃紺で文字が白となっていることが分かります．色覚障害のある人の見やすさは，正常 3 色覚と同じです．

　なお，背景色と文字色との様々な組み合わせによる正常 3 色覚，2 色覚，白内障を対象とした読みやすさの判定ソフトも出回っています[注2]．これらのソフトを積極的に活用して読みやすいプレゼンテーション資料作成の視認性の向上に努力するとよいでしょう．

(4)　色情報のみに依存しない表現方法への配慮

　この配慮は，4.2.1 (7) グラフへの配慮，4.2.2 (3) 背景色と文字色への配慮で例とともに説明した，色覚に障害のある人への必要な対応です．色のみの場合は，色相(色合い)の違いの識別が容易でないこともあるので注意が必要でした．そこで，分かりやすいグラフにするためには，明度や彩度の差を付けるとともに，パターン模様を用いたり，引き出し線により項目名称を記載したりするなど，色以外の情報提示を併用することです．前述のように，2 色覚の場合には，特に赤と緑の区別が難しくなります．

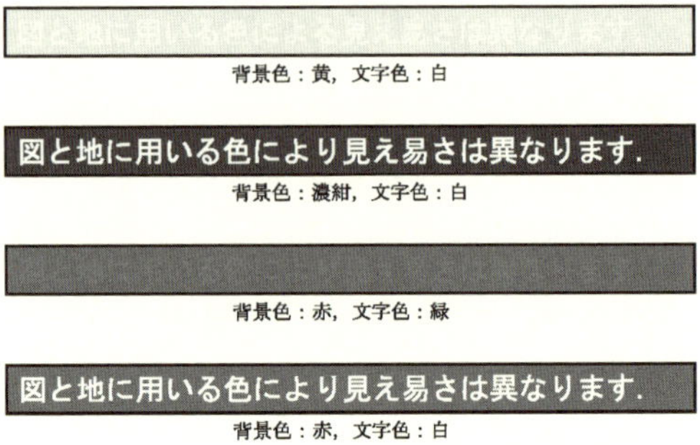

背景色：黄，文字色：白

図と地に用いる色により見え易さは異なります．
背景色：濃紺，文字色：白

背景色：赤，文字色：緑

図と地に用いる色により見え易さは異なります．
背景色：赤，文字色：白

図 4.13　図と地の配色の例

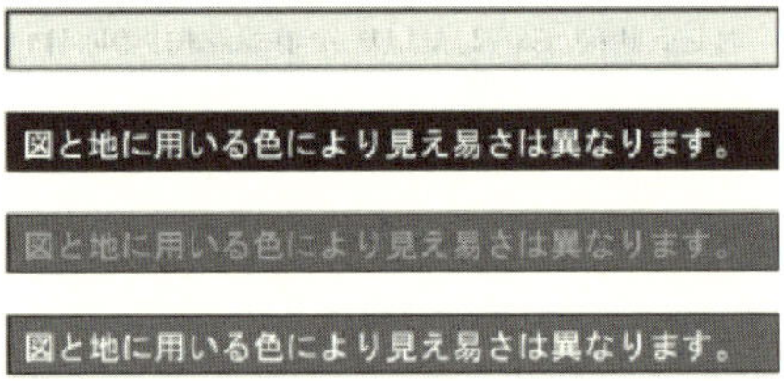

図と地に用いる色により見え易さは異なります．

図と地に用いる色により見え易さは異なります．

(a) 1型2色覚

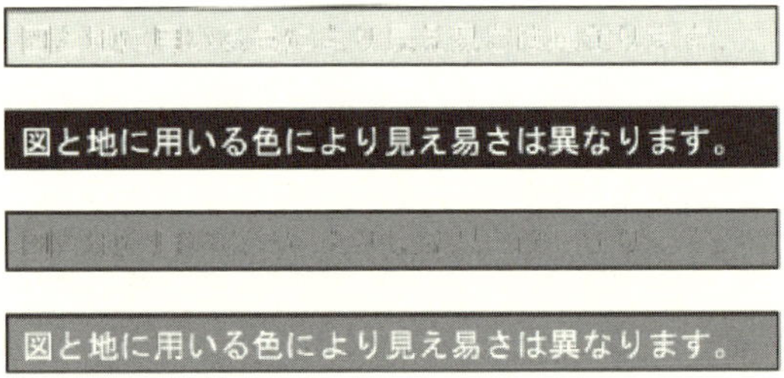

図と地に用いる色により見え易さは異なります．

図と地に用いる色により見え易さは異なります．

(b) 2型2色覚

図 4.14　図 4.13 の 1 型 2 色覚と 2 型 2 色覚の見え方

4. 情報保障の提供方法(マニュアル,ガイドライン)　133

＜例　円グラフ＞

4.7.1 (7) グラフへの配慮の例を用いて説明します．この例では，次の値から円グラフを作る場合の説明です．ここでは，プレゼンテーションの時に，C項目を注目させたいとします．

　データ項目：A項目　，値：40%
　データ項目：B項目　，値：25%
　データ項目：C項目　，値：20%
　データ項目：D項目　，値：10%
　データ項目：E項目　，値：5%

図4.15には，色情報のみに頼らなくてもよいように，パターン模様,

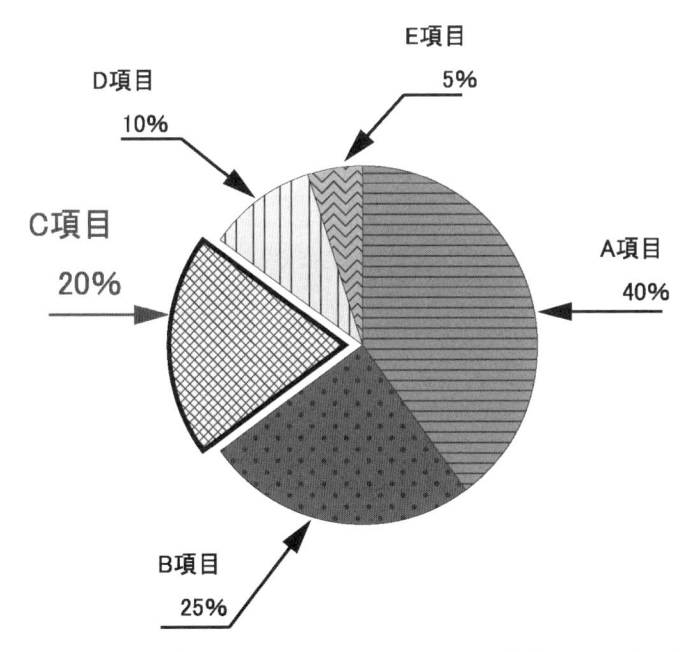

図4.15　図4.8の円グラフをカラーでかつパターン模様にして引き出し線を付けデータ項目を付加

引き出し線を付けたデータ項目を表示した例を示します．さらに，注目させたい「C項目」は，他の部分と切り離し，データ項目の文字サイズを少し大きくするとともにボールド体にし，円弧の外周の線幅を太くすることにより，他の項目との違いを際立たせています．

(5)　専門用語，固有名詞，略語の読みへの配慮

　難しい専門用語，何種類か読み方があったり難読だったりする固有名詞，専門分野以外ではあまり見かけない略語などには，振り仮名や読みを付けて下さい．ろう者は読み音声を聴くことができないのですから，この配慮は重要になります．健聴な人(音声言語や音が明瞭に聞こえる人)は，発表者の音声で読み方を理解できます．しかし，聴覚に障害があり音声情報を利用できない人には，読み方が分からないままになってしまう場合があります．特に，生まれつきまったく聞こえない人は，一度も音声を聞いたことがないのですから，用語の理解不足となってしまうかもしれません．また，聴覚に障害のある人への情報保障には，手話通訳や要約筆記があります．手話通訳者や要約筆記者は，必ずしも専門用語を充分に理解しているとは限りません．そのようなとき，読みが分かると難しい用語でも聴覚に障害のある人へ内容を伝えるときの助けになるかもしれません．

　具体的な例などは，4.2.1(2) 漢字の読みへの配慮や 4.2.1(8)その他，人に優しい資料のための一般的な配慮(a)略語への配慮を参考にして下さい．

(6) その他，人に優しいプレゼンテーション資料のための一般的な配慮

(a) レイアウトへの配慮

　通常，プレゼンテーション資料はA4サイズ横置きで作成します．文字サイズを30ポイント以上を用いますと，1枚のプレゼンテーション資料には，概ね10〜13行ほど記述できます．決められた行数で分かりやすいプレゼンテーション資料とするには，記載すべき内容を吟味して，項目分けなどの箇条書きすることをお勧めします．

　講演でよく見かける例ですが，手元に配布されている資料で自分が話したい箇所をそのままプレゼンテーション資料へカットアンドペーストしている講演者がいます．聞いている人は，講演者の話を聞きながら，プレゼンテーション資料も読まなければならないことになります．文章がそのまま書かれたプレゼンテーション資料は，聞いている人にとってけして優しくはありません．資料作成者は，内容を箇条書きにしてまとめる手間をかけることにより，より理解しやすいプレゼンテーションとすることができます．

(b) メモ欄の活用

　電子プレゼンテーション作成ツールには，プレゼンテーション資料の部分とメモ欄がある場合があります．説明している資料には記述できなかった場合にも，補足的に知っていると理解を助ける用語や事項があることがあります．プレゼンテーション資料を作成しているときには口頭で言う予定でも，当日時間が押して来たり緊張したりすると忘れてしまう場合があります．メモ欄があれば有効に活用するため，補足事項などを記述しておき当日プリントアウトして持って行くとよいでしょう．

4.2.3 講演者の発表時のアクセシビリティガイドライン

ここでは，情報保障のための，講演者や，フロアからの発言者へのアクセシブルな話し方の心得をまとめています．これらの心得を守りながら話すことは，すべての聴講者へのより分かりやすい講演会とすることができます．

(1) 指示代名詞の使用

視覚に障害のある人が参加している場合には，指示代名詞の使用は避けて，具体的にプレゼンテーション資料の投影画面の注目点を指示棒，レーザポインタ，マウスカーソルなどの指示用具で指示しながら内容を音声で説明して下さい．投影画面を見ることのできない人には，「ここに示します．」とだけ言われても「ここ」には，何が書かれているか分かりません．また，説明箇所を指示しながら話すことは，注目すべき部分が分かり，手話通訳者の手話翻訳への手助けになったり，一般の聴衆にも理解の促進につながったりします．しかし，指示代名詞の使用を抑えた発表は難しく，ついそのことを忘れてしまいます．日頃より，自分の講演を他の人に評価してもらうなど，客観的に観察するように心掛けるとよいかもしれません．

＜例　指示代名詞＞

「今日の講演の流れをここに示します．」この本を読んでいる人にも，この表現だけでは何も理解することができないと思います．視覚に障害のある人が会場にいる場合には，講演者は投影画面を指示棒などで指しながら，

「今日の講演は，1 研究の背景，2 この研究の目的，3 理論，4 実験，

5 結論，6 今後の課題の順で発表します.」
などのように読み上げて下さい．通常このような発表の仕方に慣れていない人が多いかもしれません．事前に配慮の必要な人の参加が分かった場合には，他の人に目を閉じて発表を聞いてもらい分かりやすさなどのチェックをお願いするのもよいかもしれません.

(2) 図，表，数式の説明

投影資料の図，写真，表，数式の説明では，概要や重要な部分などを理解できるように要領よく話すように心掛けて下さい．複雑な図や写真を音声のみで説明するのは，難しかったり時間がかかったりする場合があります．また，複雑な表，数式や数式の変形では，読み上げに時間がかかったり，複雑すぎて読み上げにより混乱をきたしたりする場合もあります．あまり詳細に説明する必要はありませんが，その投影資料には何が投影されていて，その資料を通して何を理解してほしいかを，簡潔に説明するように配慮して下さい．特に，グラフでは，縦軸や横軸などの軸名称と単位とともに，大雑把なデータの傾向を説明することにより，理解の促進につながります.

例えば，図 4.16 のような折れ線グラフの説明は次のようにすると分かりやすいでしょう.

「このスライドには，A 県のリンゴの生産量の推移を折れ線グラフで示します．横軸は平成 10 年から平成 18 年までの生産年を，縦軸は生産量で単位はトンです．生産量は平成 10 年の 150 万トンから右肩上がりで増加を続け，平成 14 年からほぼ 300 万から 330 万トンで横ばい状態で平成 18 年度まで推移しています.」

このスライドの説明には，指示用具を活用して軸を指示したりグラフ

A県のリンゴ生産量の推移

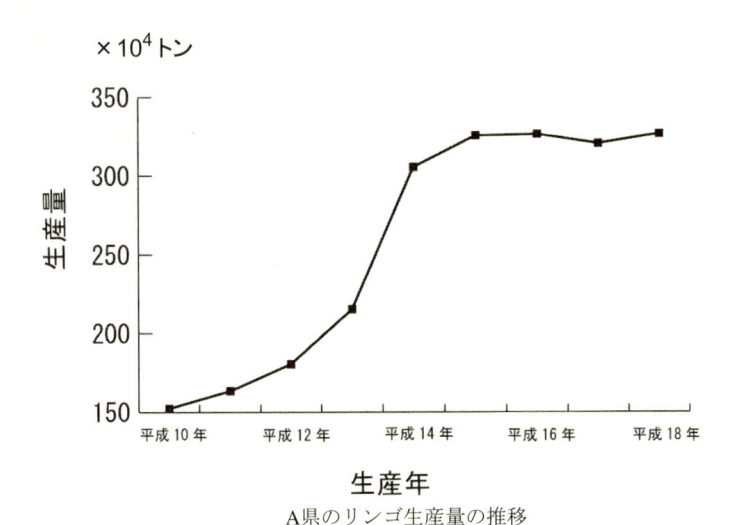

図 4.16　グラフの説明の例

の形をトレースしたりするとよいでしょう．

　また，図 4.17 のイラストのような，実験の外観の写真とした時の説明の参考例を示します．ここで，以下の説明の例で＜　＞内は，イラスト内に記述してある用語で，指示用具を用いて対象物体や領域を指示すると理解を促進することが期待できます．

　「このスライドは，動画観賞時の視線移動の測定風景のイラストです．＜被験者＞は椅子に座り，＜あご台＞にあごを固定します．被験者の前に＜視線計測するカメラ＞，約 1.5m の距離に約 100 インチ大の＜スクリーン＞に映像が映し出されています．…」

図 4.17　実験風景の写真の説明

(3) 明瞭な発話の心掛け

　明瞭な発話の心掛けは，視覚障害のある人，聴覚障害のある人，手話通訳者や要約筆記者への配慮です．視覚障害のある人は，投影画面が見えにくいか見えないのですから，音声が内容理解のための重要な手段となっています．手話通訳者は，聞いている音声を聞きながら手話に翻訳しています．手話は，日本語とは異なった言語体系です．手話に翻訳することは，日本語を聞きながら英語に翻訳しているような作業と思って下さい．早口の人の手話通訳は，とても大変で手話への翻訳が発話速度に追いつかなくなってしまうことがあります．パソコン要約筆記では，筆記者の聞いている音声をキーボードより文字として入力しています．さらに，聞いているすべての人が，話されている内容を充分に理解するためにも，明瞭な発話は重要です．内容を理解してもらうために配慮していただきたい主な事項を以下に述べます．

・発音が明瞭になるように話して下さい．ただし，言語障害，発話障害などのある人は，自分に合ったプレゼンテーション方法とペースで，会議の発言や講演の質疑をして下さい．手話，合成音声機器，発声補助具なども積極的に利用して，プレゼンテーションや参加の機会を増やしていただければと思います．

・あいまいな表現やぼかした表現は避けて下さい．「この実験結果はちょっと，こちらは良好な結果でした．」というような言い方は，投影画面を見ると「ちょっと」の理由が分かるのかもしれませんが，手話通訳者はどのように訳してよいか理解できませんし，視覚に障害のある人にも理解不能となってしまいます．

・語尾，接頭辞，接尾辞を明瞭に発話して下さい．日本語は語尾変化により否定形を作ります．接頭辞の変化で意味を変えることもできます．語尾変化では，「結果は，…であります．」と「結果は，…ではありません．」のように，最後まで明瞭に発話されていないと結果の状態を把握できません．接頭辞では，「安定 - 不安定」，「拘束 - 非拘束」，「侵襲 - 非侵襲」などの例から分かりますように，接頭辞が明瞭に聞き取れないと誤って理解される危険性があります．

・会話において，日本語は主語が省略されやすい傾向があります．また，発話内容が完結しないで，次の内容の発話へ移行してしまうこともあります．内容を理解しながら行なう手話通訳や要約筆記において，主語が無かったり，文が未完だったりでは正確な情報伝達に困難をきたす恐れがあります．

・聴覚障害のある人の中には，話している人の口の動きや表情などから内容の読み取りや読み取りの補助としている人がいます．これは読話といわれます．講演者は，スクリーンのみを見ながら話すのではなく，

前を向いて口をはっきり見えるようにすると読み取りの助けになります．前を向いて会場を見渡すことで，聴衆の反応も分かり，講演にメリハリをつけることもできます．

　これらの配慮のためには，話す内容は事前に整理しておくとよいでしょう．4.2.2 (6)(b) で述べたようにメモ欄を活用して講演に備えると，事前に話すべき項目が整理されていて，あいまいな表現も減ります．また，発表練習や当日の講演を録音して聞いてみることをお勧めします．自分の話し方の特徴や癖などが分かり，より良い配慮のヒントになるかもしれません．

　話し手は，手話通訳や要約筆記をことさら意識する必要はありません．意識しすぎるあまり，せっかくの講演が台無しになっては，配慮の意味をなしません．

(4)　質疑時の配慮

　講演中や終了後のフロアから質問，コメントなどを発言する人は，発言に先立って必ず自分の所属，名前をはっきり述べてから始めるように心掛けて下さい．いくら発言者がその世界のドンだとしても，情報保障を行なっている人にとっては必ずしもそうだとは限りません．誰が話をしているのかという情報は，手話通訳者・要約筆記者や視覚障害のある人にとっても重要です．また，数人でやり取りしている場合には，発言者の名前がないと，要約筆記画面を見ている聴覚障害のある人にとって，誰の発言か分からなくなってしまうことがあります．発言のたびに自分の名前を言うことは簡単なようですが，つい忘れたりめんどうになったりします．しかし，名前を言ってから発言することは，情報保障を担当している人やそれを受けている人にとって，発言を理解する上で大きな

助けとなります．

　以下に，司会の鈴木さん，発表者の田中さん，質問者の山田さんの三者間のやり取りの要約筆記画面の例を示します．

<u>司会の鈴木です．田中さん</u>ご講演ありがとうございました．それでは，フロアからどなたか質問やコメントなどありましたらお願いいたします．
なお，発言する人は，所属とお名前を言ってから質問などを行なって下さい．
<u>○×研究所の山田です．</u>二つ質問があります，まず1点目は…はどのようにお考えでしょうか．
<u>田中です．</u>第1点目は…です．
<u>司会の鈴木です．</u>回答を確認させて下さい．1点目は…ですね．
<u>田中です．</u>2点目はそうではなく…です．
<u>山田です．</u>その考え方は…なのですか．

　この例でもし下線を引いた部分の発言者の名前がないと，音声が聞こえなくて要約筆記画面を見ている人は，誰の発言か混乱してしまいます．
　質問や回答をする人は，現在話している人の発話が完全に終了してから話し始めるようにして下さい．同時に2名以上が話している状態では，手話通訳者が話を聞きわけて通訳しなければならず，通訳ができなくなってしまうかもしれません．次に話したい人には，手話通訳者や要約筆記者のためにも，発話への割り込みを抑えて，冷静に発言中の発話が完全に終了してから，発話を交代するようにして下さい．

4. 情報保障の提供方法(マニュアル,ガイドライン)

(5) プレゼンテーション資料の情報保障担当者への提供と打ち合わせ

　情報保障が行なわれる講演では，プロジェクタで投影するプレゼンテーション資料や配布資料の提供を手話通訳者や要約筆記者から求められることがあります．提供された資料は，頻繁に出てくる専門用語などの辞書登録や内容の理解，手話の表現方法の確認などに使われます．事前に資料を提供することは大変だとは思いますが，未完成版でも資料提供をしていただければ，講演発表の当日，よりスムーズな情報保障作業ができます．未完成版で資料提供した場合には，当日完成版の印刷資料の持参とともに，完成版との相違を情報保障担当者へ周知して下さい．事前提供したプレゼンテーション資料や配布資料の内容が大幅に変更されている場合には，主催者へ連絡し最新の資料提供に関して相談することをお勧めします．

　専門的内容や用語には，その内容を適切に表現できる手話表現が無かったり，非専門の通訳の人にとって手話表現が難しかったりするものがあります．そのような場合には，発表の当日，講演の前に手話通訳者から発表者との打ち合わせをしたいという依頼が来る場合があります．この打ち合わせでは，専門的な表現の手話での表現方法，適切な表現がない場合，投影画面を手話通訳者が指示した方がよいのかなどの確認作業が行なわれます．

　資料提供を求められたり，事前打ち合わせの要請があったりした場合には，快く対応して下さい．

　なお，情報保障の作業中の手話通訳者や要約筆記者に直接話かけることは避けて下さい．

(6) その他の配慮

指示用具を使いこなしましょう．せっかく会場に指示用具が用意されているのに，自分の指で指示している人をみかけます．投影画面が大きくなればなるほどどこを示しているのかよく分かりません．また，指示用具のレーザポインタの発光色は，赤より緑の方が明るく視認性が高いようです．色覚障害のある人に対しても，赤より緑の方が分かりやすいようです．

また，手話で情報保障が行なわれている場合には，なるべく指示用具で現在説明している項目を指して下さい．話している内容と投影画面の記述が同じ場合には，手話通訳者は情報保障を受けている聴覚障害のある人へ投影画面を見るように指示すれば済むかもしれません．

会場全体へ自分の声が聞こえているか確認して下さい．特に，会場の最後尾まで聞こえるか，手話通訳者や要約筆記者に明瞭に聞こえているかをチェックして下さい．前の講演でスピーカの音量などの設定が変更されているかもしれません．

あまり馴染みのない単位系を用いている場合には，読み上げたり，補助説明をしたりするとよいでしょう．聴衆が専門家だけでしたら問題はありませんが，手話通訳者による情報保障が行なわれる時や，一般の人への講演の時には，この配慮が必要です．

補助単位の主な記号と読み方

接頭語(倍数)	記号	接頭語(倍数)	記号
テラ (10^{12})	T	デシ (10^{-1})	d
ギガ (10^{9})	G	センチ (10^{-2})	c
メガ (10^{6})	M	ミリ (10^{-3})	m

4. 情報保障の提供方法(マニュアル, ガイドライン)

キロ (10^3)	k	マイクロ (10^{-6})	μ
ヘクト (10^2)	h	ナノ (10^{-9})	n
デカ (10)	da		

プレゼンテーション資料を提示しているとき,前後のスライドへの行ったり来たりはなるべく避けることが望まれます.同じ資料の説明箇所が移動するたびに参照するのでしたら,どこを次に説明するかをハイライトしたスライドを挿入していくような方法をとるとよいでしょう.

(注1) 色覚障害: 以前は色盲,あるいは色覚異常と呼ばれていましたが,色盲は色がまったく識別できないと誤解されることもあり,また差別語になっていて使用禁止となっています.異常という表現も適切であるかという議論があるかと思います.「色覚偏位」という表現も提案されていますが,まだあまり認知されておらず,ここでは「色覚障害」という表現とさせていただきます.

　眼科医用語では以前は,色盲,色弱という言葉が使われていましたが,現在は,3色覚(3つの色について正常),1型2色覚(旧第1色盲に相当),2型2色覚(旧第2色盲に相当)などの用語が使われています.日本人の男性の約5%,女性の約0.5%が,赤を弁別しにくい1型2色覚(第1色盲)と,緑を弁別しにくい2型2色覚(第2色盲)といわれています.

(注2) 例えば,
　　　http://jp.fujitsu.com/about/design/ud/assistance/colorselector/ など

第5章
関連情報

5. 関連情報

ここでは，会議や講演会でのバリアフリー化，情報保障に関連した情報をいくつかまとめてあります．第1章から第4章に述べたことについての背景を理解するものとしてお読み下さい．

5.1 障害の定義
5.1.1 法律等での定義

「障害」とは，国連や我が国の法律では，例えば次のように定義されています．

(1) 国連障害者権利宣言 (1975)：「障害者 (disabled person) という言葉は，先天的か否かにかかわらず，身体的または精神的能力の不全 (deficiency in physical or mental capabilities) のために，通常の個人または社会生活に必要なことを確保することが自分自身では完全にまたは部分的にできない人のことを意味する．」

この障害者権利宣言は，「障害者が人間として尊重される権利，市民権，その他の基本的権利をすべて持つ」としたもので，1950年代にデンマークで始まった"ノーマライゼーション"の流れを汲み，その一つの結実といえるものです．

(2) 国際労働機関 (ILO：International Labour Organization) 159号条約「障害者の職業リハビリテーション及び雇用に関する条約」(1983)：「心身障害者とは，適当な雇用に就き，そのような雇用を継続し及びそのような雇用において向上する見込みが，身体的又は精神的な障害で正式に承認されているものの結果，実質的に減退しているものを言

う.」

(3) 障害者基本法（1999 改正）第二条： 「障害者とは，身体障害，知的障害又は精神障害があるため，継続的に日常生活又は社会生活に相当な制限を受ける者をいう」．

　この改正では，精神障害を明確に障害の範囲として位置付けています．なお，この法律は 2004 年にも改正が行なわれています．

(4) 障害者の雇用の促進等に関する法律（2001 改正）： 身体又は精神に障害があるため，長期にわたり，職業生活に相当の制限を受け，又は職業生活を営むことが著しく困難な者

　これらの定義はいずれも，心身の障害そのものだけではなく，それによる社会とのかかわりへの影響を述べています．

5.1.2　ICIDH と ICF

　障害についてのシンプルで分かりやすいモデルとして，世界保健機関（WHO：World Health Organization）が 1980 年に発表した国際障害分類（ICIDH：International Classification of Impairment, Disability, and Handicap）がありました．

　病気や事故などによって，見えない・見えにくい，聞こえない・聞こえにくい，歩けない・歩きにくいなどの機能低下（Impairment）が起こります．その結果として，情報を得にくいので判断がしにくい，知識が少ない，電話ができない，速く動けない，階段を使えない，外出ができないなどの能力低下（Disability）が起こります．そのために，教育を受けにくい，仕事に就きにくい，いろいろなイベントに参加しにくいな

```
┌─────────────────┐
│   病気／障害    │
│Disease or Disorder│
└────────┬────────┘
         ↓
┌─────────────────┐
│ 機能障害・機能低下 │
│   Impairment    │
└────────┬────────┘
         ↓
┌─────────────────┐
│ 能力障害・能力低下 │
│   Disability    │
└────────┬────────┘
         ↓
┌─────────────────┐
│   社会的不利    │
│    Handicap     │
└─────────────────┘
```

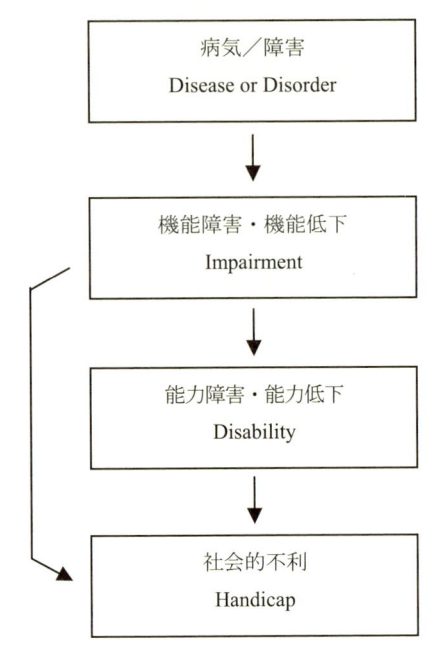

図 5.1　国際障害分類（ICIDH）

どの社会的不利（Handicap）が起こる，という一連の流れが簡潔に説明されています．図 5.1 に ICIDH の模式図を示します．しかしこのモデルはあまりにも医学的な身体機能に重点が置かれ，環境の因子が無視されているという批判がありました．つまり，Impairment が Disability につながるのはやむを得ないとしても，それがそのまま Handicap につながるものではなく，そこには社会の無理解，社会制度の不備，環境の未整備などが介在して Handicap になる，というものです．また，Impairment, Disability, Handicap という表現が障害のマイナスな面のみを分類したものである，という批判もありました．

　そこで 1990 年から改定の検討が続けられ（当初は 1980 年版との連続

性を示すために ICIDH-2 と呼ばれていました），2001 年の WHO 総会において，人間の生活機能と障害の分類法として ICF (International Classification of Functioning, Disability, and Health) が採択されました．

ICF は人間の「生活機能と障害」を「心身機能・構造」「活動」と「参加」で表わし，それに影響を及ぼす「背景因子」を「環境因子」「個人因子」で示しています．これはこれまでの ICIDH が身体機能の障害による生活機能の障害（社会的不利）を分類するという考え方があったのに対し，ICF はこれらの環境因子という観点を加え，例えばバリアフリー等の環境を評価できるように構成されています．

「心身機能・構造」の，心身機能は心理的機能を含む身体系の生理的機能です．構造は身体の構造のことで，器官・肢体とその構成部分などの身体の解剖学的部分です．これらの肯定的な側面は"機能的・構造的な統合"で，否定的側面は"機能障害"とされています．機能障害 (impairment) は構造障害を含むもので，著しい変異や喪失などの心身機能または身体構造上の問題です．

「活動」とは，課題や行為の個人による遂行のことで，「参加」は生活・人生場面 (life situation) への関わりです．肯定的側面は"活動"，"参加"であり，否定的側面は"活動制限"，"参加制約"とされています．活動制限とは個人が活動を行なうときに生じる難しさ，参加制約とは個人が何らかの生活・人生場面に関わるときに経験する難しさです．

「環境因子」は，人々が生活し人生を送っている物的環境や社会的環境，人々の社会的な態度による環境を構成する因子のことです．

ICF では，環境を含む背景因子が重視され，人間と環境との相互作用を考えます．この図式では，個人の生活機能は健康状態と背景因子（環境因子と個人因子）との間の相互作用あるいは複合的な関係とみなされ

ます．また ICIDH での「能力障害・能力低下」を「活動」とし，「社会的不利」を「参加」というように肯定的な表現に変えています．つまり，健康状態や環境因子によって活動や社会参加が制限されたり促進されたりするという見方です．図 5.2 は ICF の模式図です．

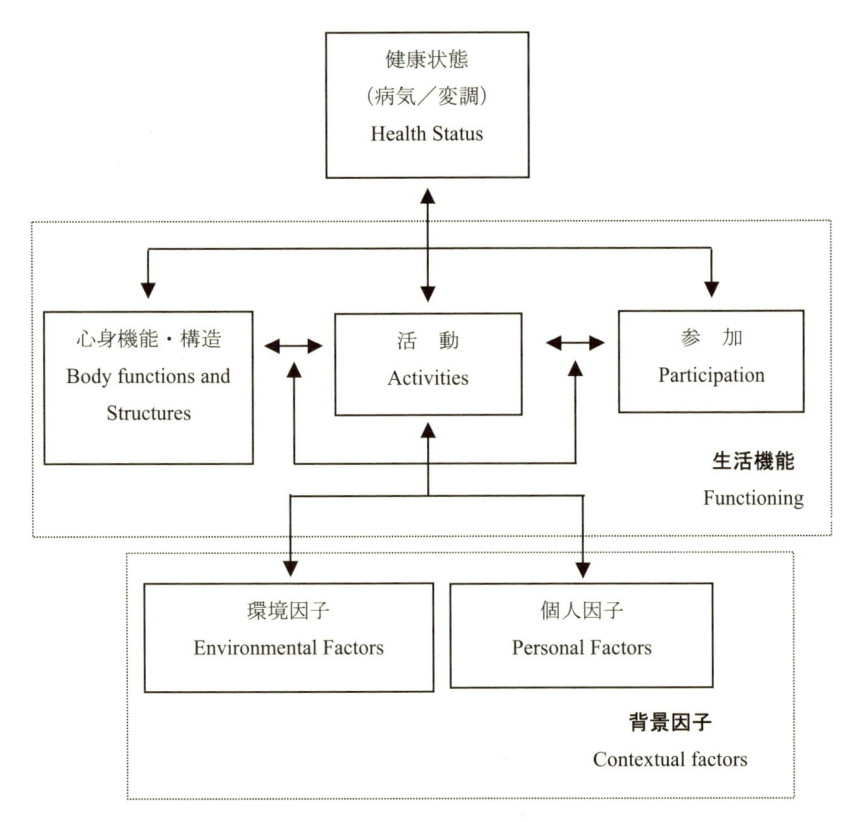

```
                健康状態
               （病気／変調）
              Health Status

心身機能・構造  ←→  活 動  ←→  参 加
Body functions and    Activities      Participation
Structures
                                    生活機能
                                    Functioning

    環境因子              個人因子
Environmental Factors   Personal Factors
                                    背景因子
                                    Contextual factors
```

図 5.2　国際生活機能分類（ICF）

　障害と生活機能の説明のために，これまで様々なモデルが提案されてきました．それらは "医学モデル" と "社会モデル" に分けられます．医学モデルは障害を病気，外傷，その他の健康状態による個人の問題と

みなします．社会モデルでは障害を社会によって作られた問題とみなします．障害は個人の問題ではなく社会によって作り出されたもの，とするのです．ICFはこの二つのモデルを取り入れたもので，障害＝活動制限，社会的不利＝参加制約が，環境すなわち社会によって引き起こされるということがよく分かります．

ICFでは「心身機能」「身体機能」「活動と参加」「環境因子」のそれぞれを，例えば次のように細かく分類しています．

心身機能
　　第1章　精神機能
　　　　全般的精神機能
　　　　　　b110　意識機能
　　　　　　b114　見当識機能
　　　　　　b117　知的機能
　　　　　　　・・・
　　　　個別的精神機能
　　　　　　　・・・
　　第2章　感覚機能と痛み
　　　　視覚および関連機能
　　　　　　b210　視覚機能
　　　　　　b215　目に付属する構造の機能
　　　　　　　・・・

なお，WHOでは健康状態をICD-10（International Classification of Diseases-10：国際疾病分類第10版）で示しています．ICFとICD-10は相補的な関係にあり，利用する際には両方を用いることが推奨されているものです．

> **コラム：盲ろう重複障害**
>
> 　視覚と聴覚に重複障害のある人は，一般に「盲ろう」といわれ，情報の入手やコミュニケーションに大きな困難さがあります．ある盲ろうの人は，「盲ろう者は通訳や手近に触れるものだけに頼らざるを得ず，テレビのチャンネルを勝手にあちこち切りかえられたり，スイッチを切られたりするに近い状態．コマ落としのビデオの中で生活しているようなものです．」と言っています．
>
> 　コミュニケーションは触覚によるものが主として使われますが，自分と相手が使える手段によって異なります．点字が使える人は，点字や指点字（両手の指に点字を打つ）を使い，手話ができる人は手話，触手話（手話を触って読む）を使います．また，手のひら書き文字（手のひらに文字を書く）を使う人も多くいます．声が出せる人の場合，相手が聞こえる人のときには声を使います．
>
> 　盲ろうは，単に視覚障害，聴覚障害が二つ重なったものだけではなく，重複による新たな困難さ，問題があり，「盲ろう」という一つの独立した障害であると考える必要があります．2006 年に国連で採択された「障害者権利条約」では，「Deafblind（盲ろう）」という一語の障害が記述されています．しかし，日本ではまだ法的に盲ろうが定義されていないのが現状です．

5.2 関連する法律，規格など
5.2.1 著作権
　会議や研究会などに提出された原稿を無断に複製したり，字幕にする

ことはできません．それは，著者が時間をかけて一所懸命に作った原稿を勝手に流用されたり，他の雑誌などに転用されたりすることを防ぐためです．著者の権利は著作権法という法律で保護されています．

さて，著作権とは何でしょうか．著作権は，文化的な創作物を保護するための権利です．文化的な創造物は，文芸，学術，美術，音楽などで，人間の思想，感情を創作的に表現されたものです．もちろん，会議の資料や学会の論文もその中の一つです．著作権は，著作物を創作した時点で自動的に権利が発生し，著作者の死後50年間守られます．

では，著作物は著作者以外の人が，ほかの目的では使えないのか，というとそうではありません．著作物を利用する場合は，著作権者の許可があれば他の目的に使うことができるのです．ただし，そのためには正しい手続きが必要です．著作権のある著作物を著作権者の許可を得ないで無断で利用すれば，著作権侵害となり，損害賠償を請求されることもあります．また，無断複製物であることを知っていながらそれを頒布したり，頒布の目的で所持したり，著作物に付された権利者の情報や利用許諾の条件などを故意に改変したりすることも権利侵害となります．

著作物を利用する場合には，できるだけ利用の目的や方法を詳しく説明した上で，文書で，その利用の仕方，許諾の範囲，使用料の額と支払い方法などを確認しておくのが望ましいと考えられています．つまり，きちんと話をして，使用料を払えばよいということになります．

ところが，その手続きをしなくてもよい場合があります．著作権法のなかで，「著作権を制限して著作物を自由に利用することができる」という項目があるのです．しかし，著作権者の利益を不当に害さないように，また著作物の通常の利用が妨げられないように，条件は厳密に定められています．著作物を自由に利用できるものには，例えば以下のよ

うなものがあります．
- ・私的使用のための複製
- ・図書館などでの複製
- ・引用
- ・教科書への掲載
- ・学校教育番組の放送
- ・視覚障害者等のための複製
- ・聴覚障害者等のための複製
- ・非営利目的の演奏
- ・裁判手続などにおける複製
- ・美術の著作物などの所有者による展示

‥‥

この中で，情報保障に関係するものは，「視覚障害者，聴覚障害者等のための複製」です．著作権法 37 条では，「視覚障害者等のための複製」に関し，「公表された著作物は点字によって複製することができる（第 1 項），パソコンで点字データを保存したり，ネットワークによって送信することができる（第 2 項）」となっています．また，2009 年の改正により，従来録音物だけに認められていた著作物の提供について，「文字を音声や電子テキストデータにして，複製したりネットワークなどで送信できる（第 3 項）．」ように改められました．同様に，「聴覚障害者等の複製」に関しては，従来の放送や映画の字幕だけではなく，手話などの付与も可能で，聴覚障害のある人に貸し出すための複製もできるよう改められました．発達障害などの人にも適応した適切な方式で複製することも可能といえます．さらに，2009 年の改正では，著作物を複製したり提供できる施設や事業者の範囲が拡大され，公共図書館や学校な

ども可能となりました．

このように，著作権は，時代の趨勢によって変わっています．2009年の著作権法改正では，国立国会図書館に納本された書籍の電子化や，言語処理研究などデータ解析に必要な複製，障害者向けに文字情報を音声化したり，音声情報を文字化して配信する行為，障害者向けの録音図書や映像に対する字幕・手話の付加などを著作者の許諾なしで可能になることが認められ，障害者への情報提供に大きく前進することが期待されます．この改正案は2010年1月に施行されました．

これで大手を振って情報保障ができることになります．しかし，著作権があるために，情報のバリアフリーができない状況もまだまだあります．例えば，「私的使用のための複製」では，自分自身や家族など限ら

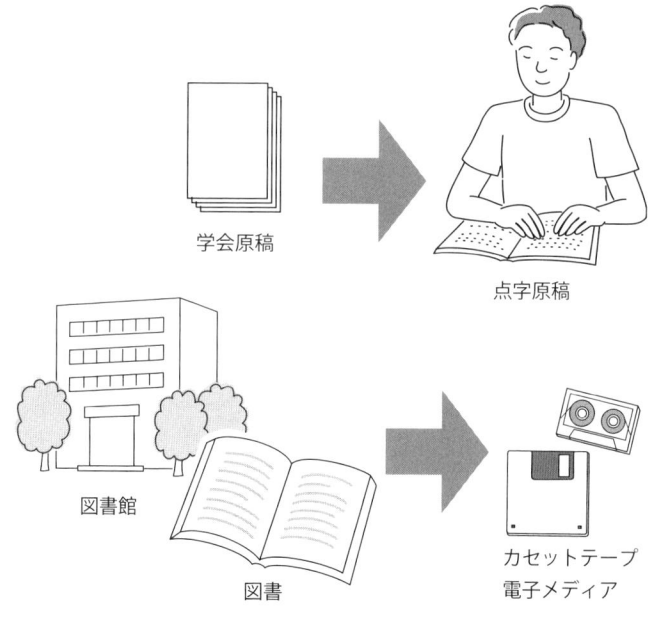

図5.3 音声と点字での利用

れた範囲内で利用するために著作物を複製することができるとなっていますが，視覚障害のある人が自分で複製をすることは難しいという問題を抱えています．また，視覚障害のある人以外で読書が難しい障害をもつ人に関しては，著作権者の許諾なしに自由に複製をすることはできません．このような著作権の制限を改善するための要望が多く出されています．

障害のある人が，障害のない人と同じように様々な情報を得られる環境を提供するためには，著作権の制限を見直し改善していくことがさらに望まれます．

＊著作権法の一部抜粋（2009年改正）
（視覚障害者等のための複製等）
第37条　公表された著作物は，点字により複製することができる．
2　公表された著作物については，電子計算機を用いて点字を処理する方式により，記録媒体に記録し，又は公衆送信（放送又は有線放送を除き，自動公衆送信の場合にあつては送信可能化を含む．）を行うことができる．
3　視覚障害者その他視覚による表現の認識に障害のある者の福祉に関する事業を行う者で政令で定めるものは，公表された著作物であつて，視覚によりその表現が認識される方式（視覚及び他の知覚により認識される方式を含む．）により公衆に提供され，又は提示されているもの（・・注釈略・・）について，専ら視覚障害者等で当該方式によつては当該視覚著作物を利用することが困難な者の用に供するために必要と認められる限度において，当該視覚著作物に係る文字を音声にすることその他当該視覚障害者等が利用するために必要な方式により，

複製し，又は自動公衆送信（送信可能化を含む．）を行うことができる．
…略

（聴覚障害者のための複製等）
第37条の2　聴覚障害者その他聴覚による表現の認識に障害のある者の福祉に関する事業を行う者で次の各号に掲げる利用の区分に応じて政令で定めるものは，公表された著作物であつて，聴覚によりその表現が認識される方式（聴覚及び他の知覚により認識される方式を含む．）により公衆に提供され，又は提示されているもの（‥注釈略‥）について，専ら聴覚障害者等で当該方式によつては当該聴覚著作物を利用することが困難な者の用に供するために必要と認められる限度において，それぞれ当該各号に掲げる利用を行うことができる．…略
一　当該聴覚著作物に係る音声について，これを文字にすることその他当該聴覚障害者等が利用するために必要な方式により，複製し，又は自動公衆送信（送信可能化を含む．）を行うこと．
二　専ら当該聴覚障害者等向けの貸出しの用に供するため，複製すること（‥注釈略‥）．

5.2.2　個人情報保護

近年，個人情報という言葉を耳にします．個人情報そのものが情報保障に直接関係することはないのですが，ここでは発表原稿を作成する際に心掛けなければならないことについて述べます．原稿などを執筆するときに，たくさんの人からのアンケート結果や，評価実験で被験者のプロファイルなどを掲載することがあります．その場合，原稿の内容からアンケートへの協力者や実験の被験者を特定できたり，プライバシーに

触れるような記述は避けなければなりません．これは個人情報の保護という立場から必要なことといえます．

個人情報とは，「生存する個人に関する情報で，氏名や生年月日，住所，電話・ファックス番号，メールアドレス，顔の画像など，その情報に含まれる記述によって特定の個人を識別できる情報」と定義されています（個人情報保護法令第2条）.

ICT（情報通信技術）化の進展に伴い，個人情報保護の重要性が一層増してきています．情報処理技術の発達により，個人情報の蓄積や流通，加工，編集が簡単にでき，ネットワークの普及により，瞬時に世界中をも駆け巡るような状況が出現したことが，その原因の一つです．世界中の知らない人に自分の情報が広まっていくのは，気持ちのいいものではありません．悪用されないだろうか，プライバシーがなくなるのではないだろうか，などの不安を生ずることになるのではないでしょうか．

こうした個人情報を保護し，だれもが安心してICT社会の利便性を享受できるようにするために，「個人情報保護法」が2005年4月に施行されています．この法律では，個人情報を取り扱うことのある企業には，あらかじめ利用目的をできる限り特定することや，個人情報を取得する際に本人に対し利用目的の通知・公表をすること，正確で最新の内容に保つこと，本人の求めに応じて開示や訂正などを行なうなどの厳しい義務を課しています．

会議や講演会などの原稿の執筆者は，個人情報を意識することは少ないかもしれません．しかし，実験などに協力していただいた方の個人情報やプライバシーを考慮することは，お互いの信頼関係の上でも必要なことといえます．

図 5.4　実験時の配慮

5.2.3　バリアフリー新法

(1)　バリアフリー新法とは

　公共交通などのバリアフリーについては，鉄道駅を中心に港，空港などで「移動する際の身体の負担を軽減する」ことを目的とし，2000（平成 12）年に制定された「高齢者，身体障害者等の公共交通機関を利用した移動の円滑化の促進に関する法律」（通称・交通バリアフリー法）がありました．また，建物などのバリアフリーについては，スーパー，デパート，ホテルなど不特定多数の人が利用する一定の「建物」についてバリアフリー化を推進するために，1994（平成 6）年に制定された「高齢者，身体障害者等が円滑に利用できる特定建築物の建築の促進に関する法律」（通称・ハートビル法）がありました．

　これらの法律はそれぞれに機能し，一定の成果を挙げてきました．しかしそれぞれが点としての法律であり，利用面から考えると，"交通機

関や駅周辺は利用しやすくなったし，建物や公共施設も利用しやすくなったけれど，そこまでたどり着くあいだが不便だ"というギャップがありました．また，法律の名前にあるように，"高齢者，身体障害者等"が対象で，知的障害，精神的障害，発達障害などのある人たちは含まれていませんでした．

　そこで，2006（平成18）年，交通バリアフリー法とハートビル法は統合され，「高齢者，障害者等の移動等の円滑化の促進に関する法律」（通称・バリアフリー新法）となりました．バリアフリー新法では対象が身体障害のある人以外にも広げられ，また建物から別の建物や交通機関へのあいだの行き来を，安全・快適にできるような，「どこでも，だれでも，自由に，使いやすく」するための基準が設けられています．

　新法では，二つの法律には抜けていた，路外駐車場や公園施設などのバリアフリー適合基準なども盛り込まれています．また，従来は交通バリアフリー法の対象ではなかった「タクシー事業者」が，新たに対象として加えられています．

　国民に対しては，「心のバリアフリー」として，バリアフリー化の実施に関する理解を深め，協力することを国民の責務として位置付けています．

　事業者等がバリアフリーの命令に従わなかったりした場合は，300万円以下の罰金を科されることも規定されています．

　この法律には国土交通省からチェックリストが提供されていて，事業者などが法律の遵守をしやすいようになっています．「建築物移動等円滑化基準チェックリスト」には，例えば次のようなことが細かく書かれています．

　　・車椅子使用者用便房を設けているか（1以上）．

- 階段・段が設けられていないか（傾斜路又はエレベーターその他の昇降機を併設する場合は免除）．
- 出入口の幅は 80cm 以上であるか．戸は車いす使用者が通過しやすく，前後に水平部分を設けているか．
- エレベーターのかごは必要階（利用居室又は車椅子使用者用便房・駐車施設のある階，地上階）に停止するか，かご及び昇降路の出入口の幅は 80cm 以上であるか，かごの奥行きは 135cm 以上であるか．

(2) 移動のサービスの提供

　上記のバリアフリー新法では，移動の際のサービスの提供方法についてはのべられていません．例えば車椅子でのアクセスの確保を考えるとき，交通機関，駅，建物，道路などがバリアフリーだとしても，目的の会場がある建物が駅から遠いと自力移動が困難になります．このようなとき，バスやタクシーなどのサービスが必要です．コミュニティバス，乗合タクシー，福祉タクシーなどの民間の移送サービスなどがありますが，だれもが自由に利用できるサービスには不充分な状態です．なお，このようなサービス提供は，「道路運送法」に基づいて登録や許可を得なければなりません．

(3) 低床バス

　低床バスとは，乗降性をよくするために客室までの階段を低く，あるいは少なくしたバスのことで，ノンステップバス，ワンステップバスなどがあります．ノンステップバスは，出入口の段差を無くしたバスで，床面高さが概ね 35cm 以下のものを指します．ワンステップバスは，乗降口のステップを 1 段だけとしたバス車両で，床面高さが 650mm 以下

の車両です．

　前述「交通バリアフリー法」では，車両を導入する場合に床面の高さが65cm以下の低床バスにする事が義務付けられています．国土交通省は2010年度までにノンステップバスの導入率30%を目指しています．しかし，2007年3月に発表された国土交通省による「ノンステップバスの導入状況」では，全国のバスの総台数約5万9千台のうち，ノンステップバスは1万台，導入率の平均は17.69%です．最高は東京の49.71%（総台数約6,500台のうち，ノンステップバスは3,200台），第2位が京都の35.48%で，最低は0台で2県あります．本格的普及はまだまだ先が遠いといえるでしょう．

　ノンステップバスは車体が低いので，山間部や未舗装の道路では車体が地面をこすってしまうことがあり，地形条件，道路条件が普及を妨げていることもあるようですが，実際の利用を考えると，山間部などでこそ，必要とされることが多いと思われますので，何らかの方策が望まれます．

(4)　運賃割引制度

　鉄道運賃の割引については，身体障害者手帳に「第1種」「第2種」の記載があります．障害の程度を示す1級，2級などの分け方とはまた別で，障害の種類別に分け方が異なり，ちょっと複雑ですが，概ね，1～3級程度が第1種，4級～6級が第2種とされています．

　JRでは，大人運賃は第1種の場合，本人と介助者が50%割引になります（ただし特急料金は割引になりません）．本人のみで乗車の場合，第1種，第2種とも片道100kmを超える場合に，50%割引になります．私鉄はそれぞれ独自の割引制度を持っていますが，大体JRと同じよう

な規定になっています.

航空運賃は,国内線各社では,路線によって異なりますが,本人,介助者とも最大36％割引になります.国際線では割引はありません.空港では車椅子サービスがあります.なお,ストレッチャーを利用される場合は,座席を多く必要としますので,専用の申し込み窓口との相談が必要です.

(5) 介助犬

介助犬は,盲導犬,聴導犬とならんで,身体障害者補助犬と呼ばれ,物を取ってきてくれたり,ドアを開けてくれたりします.2002(平成14)年に成立した「身体障害者補助犬法」では,認定を受けた補助犬を同伴した障害のある人の受け入れを,交通機関,公共施設,デパート,ホテルなどに義務付けました.この法律は更に2007(平成19)年改正され,一般の従業員56人以上の民間企業も受け入れを義務付けられるようになりました.

5.2.4 アクセシブルミーティングのJIS規格

高齢者及び障害のある人への配慮に関する規格等を作成する会議に参加する障害のある人が,安全,かつ,円滑に出席・参加できるように,施設・設備及び支援機器,支援者(補助者),会議進行等の配慮事項について規定する日本工業規格(JIS規格)の原案が検討され,平成22年3月23日に官報公示されました.

このJISでは,アクセシブルミーティングを確実にするための会議を開催するにあたって配慮すべき要素の表がまとめられています.「会議案内作成,送付に関する配慮要素」や「会議までのアクセス,誘導に関

する配慮要素」など七つの表に細かくまとめられています．このJISではその適用範囲を「高齢者及び障害のある人々を含むすべての人が参加する可能性のある会議，例えば，日本工業規格の作成に関し，安全かつ円滑に参加できるように支援者，支援機器など望ましい配慮事項についての標準化」としていますが，一般の会議と重複する要素も少なくありません．本書のテーマである「会議・プレゼンテーションのバリアフリー」と関連の深いこのJIS規格の動向は注目すべきと思います．

5.2.5 米国リハビリテーション法508条と情報アクセシビリティ関連の日本工業規格（JIS）

米国にはアクセシビリティに関連する法律がいくつかあり，その代表的なものに「リハビリテーション法508条： 電子情報技術(Electronic and Information Technology)」，「障害のあるアメリカ人法（ADA: Americans with Disabilities Act)」などがあります．リハビリテーション法508条は，電子機器のアクセシビリティについて規定した法律で，1986年に制定され，1998年に現在の形への改定が行なわれました．ADAは障害のある人の権利を広く認めた画期的な法律で，これによって障害のある人の権利が確保され，障害のある人も労働者として，また納税者としての存在が期待されるという認識が高まりました．そしてそれを具体的に実現するための方策の一つがリハビリテーション法508条であるともいえます．

一方，日本でも1980年代後半からアクセシビリティに関する法律や規格を作成する動きが始まり，情報技術の分野では，通商産業省（現在の経済産業省）の「情報処理機器アクセシビリティ指針」（1990年）や，郵政省（現在の総務省）「障害者等電気通信設備アクセシビリティ指針」

(1998 年) などが策定されました．この「指針」に大きな影響を与えたのが，前述の米国のリハビリテーション法 508 条です．産業界でもアクセシビリティへの関心が高まり，米国や欧州への輸出をやりやすくするために，より良い日本の基準を定める機運が高まってきたのです．ただし，日本ではいろいろな事情もあって，法律ではなく日本工業規格 (JIS) で対応することになりました．ここには，障害のある人もいろいろな情報にアクセスできるようにするための配慮が書かれています．

アクセシビリティ関連 JIS は 3 階層の構成となっています．最上位の第 1 層の"基本規格"は JIS Z 8071「高齢者及び障害のある人々のニーズに対応した規格作成配慮指針」で，これは高齢の人や障害のある人のための規格を作るときの指針です．第 2 層の"グループ規格"は，消費生活製品，住宅設備機器，情報通信機器などいろいろな分野ごとのアクセシビリティの共通指針を示します．第 3 層はそれぞれの分野ごとの"製品・サービス別個別規格"です．

情報機器・技術の分野では，第 2 層のグループ規格として，JIS X 8341-1「高齢者・障害者等配慮設計指針―情報通信における機器，ソフトウェア及びサービス―第 1 部　共通指針」があり，第 3 層の個別規格として現時点では，JIS X 8341-2「同―第 2 部　情報処理装置」，JIS X 8341-3「同―第 3 部　ウェブコンテンツ」，JIS X 8341-4「同―第 4 部　電気通信機器」，JIS X 8341-5「同―第 5 部　事務機器」があります．

これらの規格では，それぞれの対象製品について，例えば次のようなことが規定されています．

- 情報はいくつかの方法で伝わるようにすること．画面に文字が出るだけではなく，音声でも伝わるようにする，アラームが音で出るだ

けではなく，画面でも警告が表示されるようにする，などの配慮をすること．
・色覚障害のある人には区別できないため，色だけで情報を区別しないこと．
・キーボードのついている製品の場合は，すべての操作をキーボードだけでできること．
・力が弱くても操作できること．
・画像や写真には，音声や点字ディスプレイで読めるように，テキスト文をつけること．
・使う人が，自分が最も使いやすいようにカスタマイズできること（画面を拡大できる，色を変えられる，色を反転できる，など）．
・支援技術・製品をつけられるようになっていること．・・・
JIS規格のうち，国際規格にした方が良いと思われるものは日本からISO（国際標準機構）の規格に提案しています．

> **コラム**：手頃な情報保障
>
> 電子情報通信学会の情報保障ワーキンググループでは，「手頃な情報保障」として，情報保障を手頃に行なう方法も探ってきました．Wordスタイルシートを利用した機械点訳の自動整形（これによって全文点訳を提供しました）や，遠隔保守装置の画面転送機能を使った講演画面の手元配信，講演者のPower Pointと連携して一人の補助者で講演をリアルタイムに字幕化していく手法などがその例です．字幕化を例に取ると，普通に考えれば素人一人のタイピング速度では話速に追従できないのですが，講演者の発表用メモがあれば

それをうまく活用してタイプの量は減らせるはずです．情報保障ワーキンググループでは，スライドのノート部分に書かれたメモをスライドショーに同期して無線で転送し，補助スクリーンに送出する方法を実践してみました．補助者がいれば，語順を入れ換えたり即興発言をタイプしたりと，簡単な編集をすることもできます．もちろん，メモにない即興発言がはさまると必死でタイプしなければならず，字幕は遅れます．続く発言はメモとして届いているわけですから，文単位で送出すれば，すぐに追いつけます．

「素人仕事だとしても情報保障がないよりまし，という考え方はいかがなものか」という考え方があります．入試問題，契約書類，初等・中等教育教材など，間違いが許されない場面は確かにありますが，私たちでも，高級なお鮨をちょっと食べるかわりに，同じ値段で回転寿司をもっと食べたいとき，あるいはまかないでいいからたらふく食べたいときもあるでしょう．

「情報保障の担い手が限られていてはそれを広げるのにも限界があるという事実を認めた上で，素人でもできるだけ情報保障に貢献できるような技術の開発を進めてはどうか」という，ある視覚障害のある人の助言が物語るように，質と量はトレードオフの関係にあり（質・量保存の法則），素人でも情報保障に協力でき，意識やスキルの向上に応じて徐々に品質を上げていけるような仕掛けを提案することは，情報学の研究者にとって大きな課題です．

まかないを提供できていることで，ある程度の品質の確保とその向上の努力を忘れてしまうことは避けなければなりません．そんな自戒を込めながら「手頃な」情報保障と呼び，推進しています．

5.2.6 字幕放送

　字幕とは，主にテレビや映画などで会話などを文章で表示する方法，あるいはその文章を指します．海外の映画やテレビ番組などで俳優の台詞を画面の端の方に日本語の翻訳文章を表示するのも一種の字幕です．

　聴覚障害のある人はもとより一般の人にとってもテレビや映画などを見る際，字幕は重要な情報伝達手段となります．テレビでは聴覚障害のある人対応として，テレビジョン文字多重放送を利用して字幕放送が行なわれています．字幕放送では番組に即応して台詞，ナレーション，歌詞等を画面上に表示します．

　平成9年に「放送法及び有線テレビジョン放送法の一部を改正する法律」が施行された結果，字幕放送の参入に係る負担が軽減されました．その結果，平成8年度末には14社に過ぎなかった字幕放送実施事業者が平成17年度末には115社まで大幅に増加しました．平成9年11月には字幕放送の行政上の指針として「字幕放送の普及目標」が策定されました．この指針では平成19年度までの10年間に字幕を付けることが可能な全放送番組に原則として字幕を付けることが目標とされていました．実際，字幕付与可能な放送時間に占める字幕放送時間の割合は，図5.5に示すように高くなってきています．

　これらの施策は，総務省が中心になって推進しています．アナログ放送の場合字幕を表示するためには，専用のチューナーが必要でした．ご存知の方も多いかと思いますが，地上アナログのテレビ放送は2011年までに地上デジタル放送に全面的に切り替わることになっています．地上デジタル放送用のテレビ受像機では，字幕の表示機能を標準装備していますので，チューナー無しでテレビの字幕を表示させることができます．

5. 関連情報

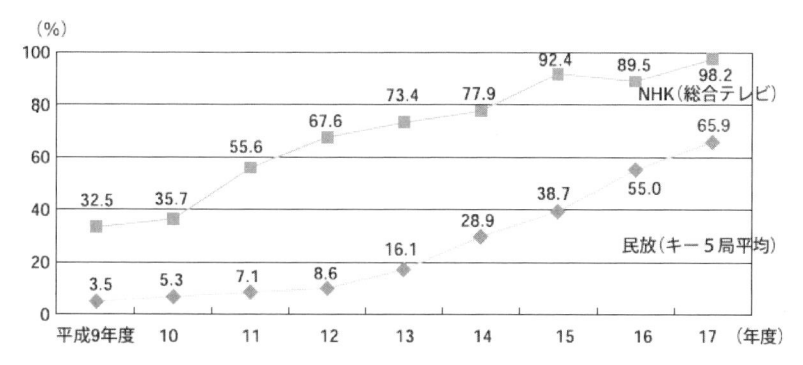

注1：2週間のサンプル週を調査したもの．
注2：この図表における「字幕付与可能な放送時間」とは次に掲げる放送番組を除く7時から24時までの新たに放送する放送番組の時間数
①技術的に字幕を付すことができない放送番組（例　現在のところのニュース，スポーツ中継等の生番組），②オープンキャプション，手話等により音声を説明している放送番組（例　字幕付き映画，手話ニュース），③外国語の番組，④大部分が歌唱・器楽演奏の音楽番組，⑤権利処理上の理由等により字幕を付すことができない放送番組，⑥再放送
注3：系列局が制作する番組を含む．

資料：総務省

図 5.5　字幕付与可能な放送時間に占める字幕放送時間の割合の推移

しかし，テレビ放送は「字幕付与可能な放送」だけではありません．図 5.5 には「技術的に字幕を付すことができない放送番組（例　現在のところ，ニュース，スポーツ中継等の生番組）」や「オープンキャプション，手話等により音声を説明している放送番組（例　字幕付き映画，手話ニュース）」，「外国語の番組」「権利処理上の理由等により字幕を付すことができない放送番組」などは全体の割合に含まれていません．そのため，実際のテレビの放送時間から見ると，字幕が付いていないテレビ番組の割合が高いのが現状です．ニュース，スポーツ中継等の生番組への字幕付与の試みも行なわれています．例えば，NHK では音声認識技術を利用した字幕制作システムを実施しています．その際，3.2.2 で述べたリスピーク方式という放送音声を積極的に言い換える方式を利用しています．

なお，アメリカ合衆国では 1990 年に制定された「障害を持つアメリカ人法（ADA 法，Americans with Disabilities Act of 1990, P.L. 101-336)」により，ほとんどのテレビには文字放送表示機能が付いています．この聴覚障害のある人への情報保障を目的とした主にテレビにおける字幕放送はクローズドキャプション（Closed Caption）と呼ばれています．これはアナログテレビでは，字幕受信装置が無いと見ることができないので"クローズド"といわれます．したがって，字幕が必要ないときには消すことができます．一方，映画館で見られる字幕のように，映像の一部としてはじめから映像に埋め込まれていて常に画面に表示されている普通の字幕は非表示にすることができないもので，オープンキャプションと呼ばれます．最近はテレビでも飾り文字などで笑い声や発話を文字で出す手法が使われることが多くなりましたが，これもオープンキャプションの一種です．

5.3 その他関連事項
5.3.1 協力者の写真等について

会議や学会発表などの論文やプレゼンテーションスライドで，実験や評価に協力してくれた障害のある人の写真を出すことがあります．このとき，眼の部分を黒い帯で覆って示すことがしばしば使われます．個人情報の保護のためにその人が誰かが分からないようにする配慮なのですが，これはその人にとってはとても不愉快であるといわれています．

写真を使うときには，顔を出すことについてその人の了解を取って，黒い帯で覆わなくてもいいようにするのが望ましいと考えます．たとえ顔が出ない場合でも了解を得ることが必要です．もし了解が得られない場合は写真は使わずに，イラストなどで代用するようにしたいものです．

5.3.2　海外の大学・学会における情報保障
(1)　大学における情報保障

　米国の大学では，障害による差別が禁止されています．このため，障害のある学生を支援するセンターが多くの大学に設置されています．米国で特徴的なのは，支援を受けている学生の半分が学習障害だということです．学習障害の学生たちへの学習保障手段はノートテーカーの配備や録音図書の提供などです（3章のコラム「学習障害のある人への情報保障」を参照）．

　情報保障に関する支援内容を障害種ごとに見ると，聴覚障害の学生には，ノートテーク，リアルタイム字幕，手話通訳が提供されます．視覚障害の学生は，電子ファイル，点字，触図，録音テープの提供や，拡大読書器の利用といった支援を受けられます．肢体不自由のある学生は，障害者向けに適切な設備のある教室を手配してもらうこともできます．通常の授業や試験を受けるのが難しい学生には，代替授業や代替試験を手配します．いずれの支援を受けるにも，学生自らが支援センターで登録を済ませ，かつ自ら教員に相談するという自主的な行動が必要です．

　学習障害の割合が高いという点は英国も同じで，障害のある学生の半数近くを占めます．ところが，フランス，ドイツ，韓国，日本では，学習障害は統計上の数値にほとんど表れていません．この違いには，障害の定義，使用する文字，大学への進学状況など様々な要因が絡んでいます．

(2)　学会における情報保障

　欧米の学術会議のうち障害者支援をテーマとする会議では，情報保障の実施は珍しいことではありません．その事例を見てみましょう．

米国CSUN（カリフォルニア州立大学ノースリッジ校）で毎年3月に開かれる技術と障害者に関する国際会議（Technology & Persons with Disabilities Conference）は，最新の支援技術が一堂に会する大規模な展示会が有名で，日本からも毎年多くの人々が参加しています．

　この会議には視覚障害のある人も多数参加しています．その人たちへの情報保障手段は，点字印刷・拡大印刷・テキストファイル・CD録音図書（DAISY）といった代替フォーマットです．興味深いことに，代替フォーマットの作成と事務局への提出は講演者の責任とされています．つまり，これを準備するかどうかで，支援への取り組みの姿勢が試されます．

　聴覚障害のある人向けのリアルタイム字幕と補聴デバイスは，会議当日に事務局に申し出れば利用できます．一方，手話通訳は，基調講演には標準で配備されますが，個別のセッションで利用したい場合は事前に申し込みが必要です．

　これ以外に，盲ろうの人に触手話で通訳している姿も会場内で見かけました．

　米国で開催されるRESNA（Rehabilitation Engineering and Assistive Technology Society of North America：北米リハビリテーション工学・支援技術国際会議），ASSETS（International ACM SIGACCESS Conference on Computers and Accessibility：コンピュータとアクセシビリティの会議）や，欧州で開催されるICCHP（International Conference on Computers Helping People with Special Needs：特別なニーズのある人々を支援するコンピュータに関する国際会議），AAATE（Association for the Advancement of Assistive Technology in Europe：支援技術発展のためのヨーロッパ会議），ICEVI（International Council for Education of People with Visual Impairment：視覚障害教育に関するヨーロッパ会議）でも，保障手段はおよそ同じです．米国と欧州を比べると，米国の会議では，提供可能な支援を開催案内で明示するなど，情報保障体制が整っています．障害者支援を目的としない会議，例えばSIGGRAPH (International Conference on Computer Graphics and Interactive Techniques：コンピュータグラフィクスと対話技術に関する国際会議．インタラクティブシステムの分野で高い水準を誇り，日本からも参加者が多い）でも，参加申し込み書式には特別なニーズを書く欄があり，実際，会場でも手話通訳の様子を見かけました．

　欧州は言語の多様化という問題を抱えます．国際会議参加者は様々な言語を使いますが，すべての言語の手話通訳を用意することはできないので，ASL (American Sign Language：アメリカ手話）のみを主催者側で手配し，他の言語の手話通訳は参加者が各自で手配しなければなりません．

5.3.3　音声認識

　先に，3.2.2要約筆記と字幕のところで，音声認識をうまく動作させるためには，入力音声が明瞭に発声されていること，そして，事前に専門用語などの単語が登録させる必要があることなどを述べました．その理由を知っていただくために，以下に，音声認識技術を簡単に解説します．音声認識では，「音響モデル」，「言語モデル」という二つのモデルと，「発音辞書」を利用して認識処理を行ないます．日本語の音声認識を例にとって説明します．音響モデルとは，日本語で用いられる母音や子音が，どのような音色を持ち，その音色が母音や子音のつながりでどのように変化していくかを表現したモデルです．一方，言語モデルは，日本

語では，どのような単語が用いられるか，そしてこれらの単語が，どのようにつながることで日本語になるかを表現したモデルです．発音辞書は，言語モデルに登録されている単語と，その発音記号との対応表です．

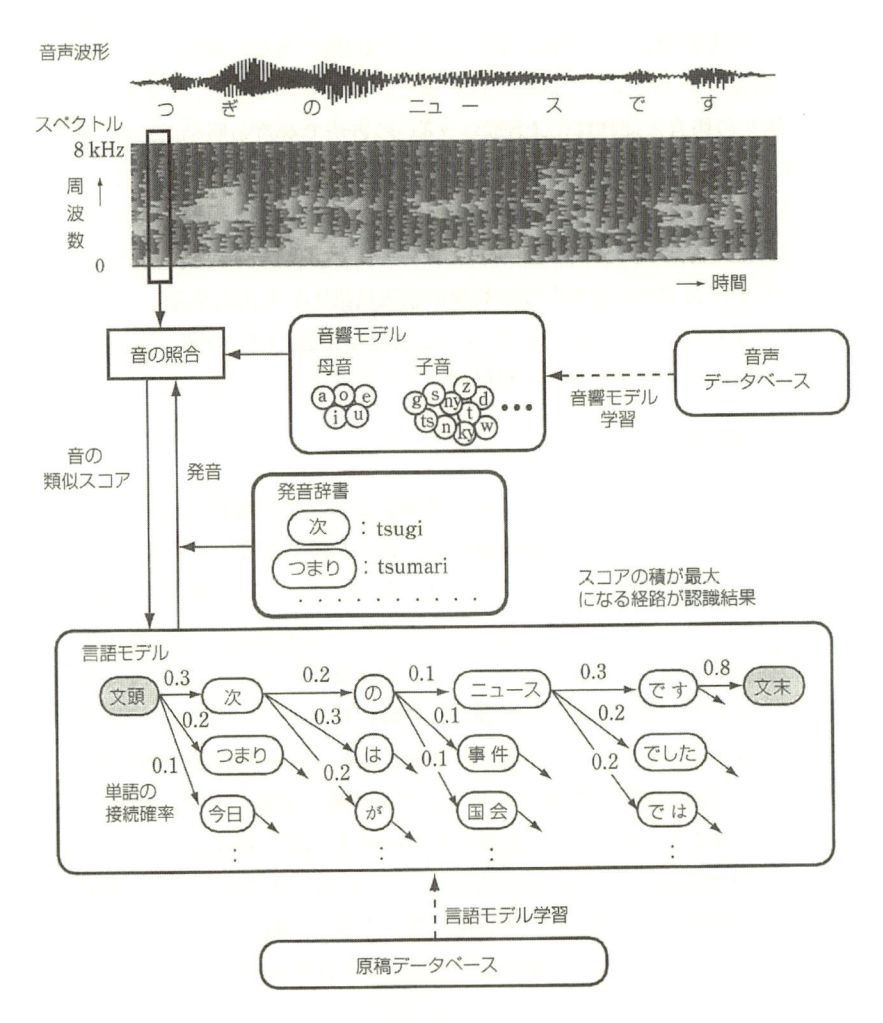

図 5.6　遠隔音声認識字幕における音響モデル

音声認識では，言語モデルに登録された単語に基づき，入力された音声に対して，音としても言葉としても最も近い単語列を探し出します．このときに，音としての近さを調べるため，発音辞書によって単語を発音記号に変換し，発音記号ごとに用意された音響モデルを組み合わせて入力音声と照合します．

遠隔音声認識字幕など，リスピーク方式を採用している場合，音響モデルは事前にリスピーカーの声にあわせて作られていますので，外国の聞き慣れない名前など特殊な発音を有する単語が用いられない限り，うまく動作します．一方，言語モデルは，事前に，様々なテキストを利用して作成してはいますが，専門用語などあまり用いられない単語まで網羅されているとは限りません．また，言語モデルは，通常用いられないような単語のつながりを排除することにより，認識処理の効率を上げる役割も担っています．このため，事前のテキストに含まれていない単語のつながりは，認識結果として得られにくくなっています．専門用語を登録するだけでなく，その単語が，どのような単語につながっているのかという単語の接続関係も登録しておく必要があります．

現状の音声認識装置は，1秒程度の遅れで音声認識を行なうことができます．したがって，うまく音声認識できた場合には，発話から3秒後に字幕表示可能です．一方で，何らかの理由で正しい音声認識結果が得られなかった場合には，修正を行なうため，10秒程度の遅れが生じることもあります．事前の原稿情報の入力は，これらの遅れ時間を少なくするために，きわめて有効です．音声認識技術は，まだ発展途上の技術であるため，認識性能は，まだ改善されていくものと思われます．遠隔音声認識技術は，今できることをうまく利用した技術ですが，今後一層の進展が期待されます．

あ と が き

　最初は耳慣れない言葉であった「バリアフリー」も，今では，日本語としてほぼ定着しました．最近は，マスコミ等によって，障害のある人の活躍が，かなりの頻度で報じられています．「障害」そのものに対する理解は，かなり進んできているように思われます．ただ，概念的に「障害」を理解していても，障害のある人とのコミュニケーションは依然として容易ではなく，健常者側から見た「バリア」も少なからず存在します．本書では，会議などの場において，障害のある人が感じるバリアと，健常者側からのバリアの双方を少しでも緩和するため，そこに生じ得る様々な問題点や，それに対する情報保障の方法などについて記述しました．

　会議を開催する際に，障害のある人でも参加できるようにするには，どうしたらよいのか，初めてそのような会議を主催，運営する場合には，きっと途方に暮れてしまうでしょう．すぐに思いつくのは，聴覚障害のある人のための手話ですが，まず，どのようにして手話通訳者を手配してよいのかが分かりません．手話通訳のためにどの程度の経費がかかるのかを調べるのも一苦労です．手話通訳者を確保できたとしても，通訳者側からいろいろな要望が出され，講演者との調整など，予想もしなかった対応に追われて苦労されることと思います．視覚障害のある人に対しては，そもそもどうしたらよいか見当もつかないのではないでしょうか．本書では，私どもが過去に試行錯誤した経験に基づき，様々な情報保障の方法や，これらの提供の仕方などについて，多くのページを割いて，分かりやすい解説を試みました．障害のある人が参加する会議では，健

常者側の発表の方法についても，留意すべき点が多くあり，このような点についても，詳しく述べたつもりです．また，私どもの苦い経験なども，コラムとして記述しました．

　近年，様々な情報機器が普及し，生活が便利になったのは言うまでもありません．情報機器の本来の役割は，人間の持つ能力を補佐または拡大することによって，我々の活躍の範囲を拡げることにあるかと思います．障害のある人にとっても同様で，健常者の持つ能力に少しでも近づくために，情報機器が活用されています．例えば，視覚障害のある人が，文書を合成音声で読み上げて，その内容を理解し，また，聴覚障害のある人が，聞き取れない声を文字化して読むことができるようになりました．また，直接能力を補うためだけでなく，例えば手話通訳者や要約筆記者などがいない地域でもこれらの情報保障を実現するため，通信を利用して，遠隔で行なう情報保障も提案されております．本書では，このような新しい技術を用いた情報保障についても解説しました．これらの中には，まだ成熟した段階に至っていない技術も含まれていますが，今後の進展が大いに期待されます．

　本書が上梓されるまでには，多くの方々にお世話になりました．本書は，情報保障技術の発表の場であるとともに，情報保障そのものの実験の場でもあった，電子情報通信学会福祉情報工学研究会の存在無しには成り立たないものでした．この研究会を立ち上げられ，その後のご指導をいただいた現早稲田大学の市川熹先生と北里大学の野城真理先生に深く感謝します．情報保障方法の比較検討を実際に行なうため，電子情報通信学会の活性化基金を申請した際に多大なご支援をいただいた，当時の学会長の現東京工業大学学長の伊賀健一先生に深謝します．本書は，この基金無しには実現し得なかったものです．また，一貫して情報保障

活動を支えていただいた，電子情報通信学会ヒューマンコミュニケーショングループの皆様，同学会事務局の皆様に感謝するとともに，今までお世話になった手話通訳の皆様，要約筆記の皆様，そして何よりも，学会の場で多くのご意見，ご協力をいただいた皆様に，厚く御礼申し上げます．

巻末資料

＜情報保障サービスの行程表＞
　以下は，電子情報通信学会福祉情報工学研究会の研究会の際の情報保障サービスの準備の手順の例です．

　プログラムと発表概要の点訳，電子データの提供と手話通訳者，要約筆記の手配（日付は研究会開催日を基点とします）
［約3か月前］
・共通　研究会発表申し込みシステムをオープンするとともに，発表者募集の案内を関連メーリングリストに投稿する．
・共通　このとき，申し込みデータと学会提出原稿（PDFファイル）を情報保障に使うことと，これに同意しない場合は研究会幹事団まであらかじめ連絡が必要なことを明記する．
・聴覚　開催地に近い場所で手話通訳と要約筆記を依頼できる団体等を探して〆切などについて相談する．
・聴覚　可能ならば開催会場にて要約筆記者と通訳者の位置をシミュレーションする（スクリーン，プロジェクタの配置を含む）．

［2か月前の月の20日頃　発表申し込み締め切り，プログラム，会告の作成］
・共通　メーリングリストへ投稿する研究会のプログラムに，情報保障の要望受付について記載する．
・共通　受付期限は概ね研究会開催の2～3週間前までとする（点訳業

者，手話通訳者，要約筆記者とも相談の上で設定）．

［3週間前　技術研究報告原稿提出締め切り］
- 共通　すべての原稿データの幹事団への提出を著者に依頼する．
- 視覚　著者から情報が寄せられなかった場合，名前（読み仮名）と概要は発表申し込み時の情報を用いる．
- 聴覚　講演者に通訳者や筆記者との事前打ち合わせ時間があることを伝える．

［2〜3週間前］
- 視覚　点字印刷業者へ印刷を発注する．
- 聴覚　手話通訳や要約筆記を実施するセッションを明記したプログラムを案内する．
- 聴覚　情報保障に必要となる機材（パソコン，プロジェクタ，スクリーンなど）の手配をする．

［1週間前　技術研究報告発行日］
- 視覚　電子データを希望者に送付
- 聴覚　通訳者や筆記者へ電子データあるいは資料や予稿集原稿などを送付

［開催当日］
- 聴覚　講演者と通訳者や筆記者との事前打ち合わせを行なう．
- 聴覚　手話通訳者，要約筆記者，機材の位置関係を調整する．

＜点訳依頼先リスト＞

名称	郵便番号	住所	TEL	URL
(社福) 日本ライトハウス 点字情報技術センター	577-0061	大阪府東大阪市森河内西 2-14-34	06-6784-4414	http://www.lighthouse.or.jp/
(社福) 京都ライトハウス 情報製作センター	603-8302	京都府京都市北区紫野花ノ坊町 11	075-462-4446	http://www.kyoto-lighthouse.or.jp/
(社福) 名古屋ライトハウス 盲人情報文化センター お客様サービス部点字出版	455-0013	愛知県名古屋市港区港陽 1-1-65	052-654-4523	http://www.e-nakama.jp/niccb/
(有) 丸信テック	222-0022	神奈川県横浜市港北区篠原東 1-3-17-105	045-439-3855	http://www.marushintech.co.jp/
(社福) 日本点字図書館 点字製作課	169-8586	東京都新宿区高田馬場 1-23-4	03-3209-0671	http://www.nittento.or.jp/
(社福) ぶどうの木ロゴス点字図書館	135-8585	東京都江東区潮見 2-10-10	03-5632-4428	http://www.logos-lib.or.jp/
(社福) 視覚障害者支援総合センター	167-0043	東京都杉並区上荻 2-37-10 Kei ビル	03-5310-5051	http://www.siencenter.or.jp/

〈全国手話通訳派遣センター一覧（2010年1月現在）〉

地域	郵便番号	住所	名称	TEL	FAX	URL
北海道	060-0002	札幌市中央区北2条西7丁目 北海道立道民活動センター4F	(社)北海道ろうあ連盟	011-221-2695	011-281-1289	http://www.normanet.ne.jp/~h-f-deaf/
青森県	030-0944	青森市大字筒井字八ツ橋76-9 青森県聴覚障害者情報センター内	青森県聴覚障害者情報センター	017-728-2920	017-728-2921	http://www.aomori-chokaku.jp/society/index.htm
岩手県	020-0821	盛岡市三本柳13地割42番1号	(社)岩手県ろうあ協会	019-601-2020	019-601-2021	
宮城県	983-0836	仙台市宮城野区幸町4-6-2 宮城県聴覚障害者福祉センター内	みやぎ県手話通訳派遣センター	022-293-4023	022-293-4023	
秋田県	010-0922	秋田市旭北栄町1-5 秋田県心身障害者総合福祉センター1階	(社)秋田県身体障害者福祉協会	018-864-2780	018-864-2781	
山形県	990-2231	山形市大森385	(社)山形県身体障害者福祉協会	023-686-3690	023-686-3723	
福島県	960-8141	福島市渡利字七社宮111 福島県総合社会福祉センター内	(社)福島県聴覚障害者協会	024-522-0681	024-522-0681	http://www.normanet.ne.jp/~deafuku/top_index.html
茨城県	310-0844	水戸市住吉町349-1 県立聴覚障害者福祉センター内	(社)茨城県聴覚障害者団体連合会 茨城県立聴覚障害者福祉センターやすらぎ	029-248-0029	029-247-1369	
茨城県	305-0042	つくば市下広岡702-39	NPO法人 PCY298「ピーシーワイつくば」要約筆記サークル	029-857-6770		http://www.pcy298.com/
栃木県	320-8508	宇都宮市若草1-10-6 とちぎ福祉プラザ2F	とちぎ視覚聴覚障害者情報センター	028-621-6208	028-627-6880	
群馬県（有料）	371-0843	前橋市新前橋町13-12 県社会福祉総合センター内	群馬県聴覚障害者団体連合会 群馬県手話通訳派遣事務所	027-280-4151	027-280-4182	
群馬県（無料）	371-0843	前橋市新前橋町13-12 県社会福祉総合センター内	(社)群馬県社会福祉事業団 群馬県聴覚障害者コミュニケーションプラザ	027-255-6633	027-255-6634	

地域	郵便番号	住所	名称	TEL	FAX	URL
埼玉県	330-0074	さいたま市浦和区北浦和 5-6-5 埼玉県浦和地方庁舎別館 2F	(社)埼玉聴覚障害者福祉会 埼玉県聴覚障害者情報センター	048-814-3351	048-814-3352	http://www.deaf.or.jp/cdf/center/index.html
千葉県	260-0022	千葉市中央区神明町 204-12 千葉県聴覚障害者センター内	千葉聴覚障害者センター	043-308-6372 043-308-6373	043-308-6400 043-308-5562	
東京都	160-0022	新宿区新宿 2-3-12 グレイスビル 7F	(社福)東京聴覚障害者福祉事業協会 東京手話通訳等派遣センター	03-3352-3335	03-3354-6868	http://www.tokyo-shuwacenter.or.jp/
東京都	162-0066	新宿区市谷台町 14 番 信川ハイツ 405	特定非営利活動法人全国要約筆記問題研究会 東京事務所	03-5419-1515	03-5419-1515	http://www.normanet.ne.jp/~zenyoken/sosiki/chirashi.pdf
東京都			キャプショニング・ベガサス (要約筆記)			http://pc-captioning.jugem.jp/
東京都	111-0053	台東区浅草橋 1-32-6 コスモス浅草橋 酒井ビル 2階	特定非営利活動法人 東京昌ろう者友の会 (認定 NPO 法人)	03-3864-7003	03-3864-7004	http://www.tokyo-db.or.jp/
神奈川	222-0035	横浜市港北区鳥山町 1752	横浜ラポール聴覚障害者情報提供施設	045-475-2057 (聴覚障害者相談) 045-475-2058 (手話・筆記通訳派遣)	045-475-2059	http://www.yokohama-rf.jp/shisetsu/rapport/
神奈川	211-0037	川崎市中原区井田三舞町 14-16	(社)川崎市社会福祉協議会 川崎市聴覚障害者情報文化センター	044-798-8801	044-798-8803	http://home.s06.itscom.net/k-joubun/
神奈川	251-8533	藤沢市藤沢 933-2	神奈川県聴覚障害者福祉センター	0466-27-1911	0466-27-1225	http://www.kanagawa-wad.jp/
山梨県	400-0005	甲府市北新 1-2-12 山梨県立福祉プラザ 1階	山梨県立聴覚障害者情報センター	055-254-8660	055-254-8665	http://www.yfj.or.jp/ydic
新潟県	950-0121	新潟市江南区亀田向陽 1-9-1	新潟県聴覚障害者情報センター	025-381-8112	025-381-8116	http://www1.odn.ne.jp/niigata-dic/
長野県	381-0008	長野市大字下駒沢 586 長野県聴覚障害者福祉センター内 2F	長野県聴覚障害者情報センター	026-295-3530	026-295-3567	http://w2.avis.ne.jp/~sun-lib/
富山県	930-0094	富山市安住町 5-21 富山県総合福祉会館	(社)富山県聴覚障害者協会	076-441-7331	076-441-7305	http://www1.coralnet.or.jp/deaf-tym/

地域	郵便番号	住所	名称	TEL	FAX	URL
石川県	920-0964	金沢市本多町 3-1-10 石川県社会福祉会館内	(社福) 石川県聴覚障害者協会 石川県聴覚障害者センター	076-264-8615	076-261-3021	http://www.deaf-ishikawa.or.jp/
福井県	910-8516	福井市光陽 2-3-22 県社会福祉センター2F	福井県聴力障害者福祉協会	0776-22-2538	0776-22-0321	
岐阜県	500-8384	岐阜市薮田南 5-14-53 岐阜県県民ふれあい会館第 1 棟 6 階	(社) 岐阜県聴覚障害者福祉協会	058-278-1301	058-274-1800	http://www.gifudeaf.jp/
静岡県	420-0856	静岡市葵区駿府町 1-70 静岡県総合社会福祉会館 5 階	(社) 静岡県聴覚障害者協会 静岡県聴覚障害者情報センター	054-221-1257	054-221-1258	http://www.e-switch.jp/~szdi-center
愛知県	460-0001	名古屋市中区三の丸 1-7-2 桜華会館内	(社) 愛知県聴覚障害者協会	052-221-8545	052-221-8154	http://www.normanet.ne.jp/~ww100046/
三重県	514-0003	津市桜橋 2-131 三重県社会福祉会館 4 階	三重県聴覚障害者協会	059-229-8540	059-223-4330	http://www13.ocn.ne.jp/~deaf.mie/
滋賀県	525-0032	草津市大路区 2 丁目 11-33	(社) 滋賀県聴覚障害者福祉協会 滋賀県立聴覚障害者センター	077-561-6111 077-561-6133	077-561-6101	http://www.shigajou.or.jp/
京都府	604-8437	京都市中京区西ノ京東中合町 2 番地	京都市聴覚言語障害者センター	075-841-8336	075-841-8311	http://www.kyoto-chogen.or.jp/index.shtml
大阪府	540-0012	大阪市中央区谷町 5-4-13 大阪府谷町福祉センター	(社) 大阪聴力障害者協会 大阪ろうあ会館	06-6761-1394	06-6768-3833	http://www13.ocn.ne.jp/~o_roua/
兵庫県	650-0025	神戸市中央区相生町 2 丁目 2 番 8 号新神戸ビル東館 2F	(社) 兵庫県聴覚障害者協会	078-371-5613	078-371-0277	http://www.normanet.ne.jp/~h-deaf/
奈良県	634-0061	橿原市大久保町 320-11 奈良県社会福祉総合センター内	(社) 奈良県聴覚障害者協会	0744-29-0133	0744-29-0134	http://www1-1.kcn.ne.jp/~nda/
和歌山県	640-8034	和歌山市駿河町 35 番地 和歌山県身体障害者総合福祉会館 4 階	和歌山県聴覚障害者情報センター	073-421-6311	073-421-6411	http://www.kisweb.ne.jp/wakayama-tyoukaku/

地域	郵便番号	住所	名称	TEL	FAX	URL
鳥取県	689-0201	鳥取市伏野 1729-5 鳥取県立福祉人材研修センター内	（社福）鳥取県社会福祉協議会	0857-59-6331	0857-59-6340 0857-59-6341 0857-59-6345	
島根県	690-0011	松江市東津田町 1741-3 いきいきプラザ島根 3F	島根県聴覚障害者情報センター	0852-32-5960	0852-32-5961	http://www2.pref.shimane.jp/chou kaku/
岡山県	700-0807	岡山市南方 2-13-1 岡山県総合福祉・ボランティア・NPO会館 きらめきプラザ 4F	（社）岡山県聴覚障害者福祉協会	086-224-2275	086-224-2270	http://www.otsk.or.jp/
広島県	732-0816	広島市南区比治山本町 12-2	広島県聴覚障害者センター	082-254-0085	082-254-0087	http://www.mimi-net.org
広島県	732-0052	広島市東区光町 1-7-15 チサンマンション 508	特定非営利活動法人 広島県手話通訳問題研究会（NPO手話センターひろしま）	082-568-6770	082-568-6771	http://homepage2.nifty.com/hirotsu-ken/index.html
山口県	747-1221	山口市大字鋳銭司字南原 2364-1	山口県聴覚障害者情報センター	083-985-0611	083-985-0613	http://www.c-able.ne.jp/~lookym33/index.html
徳島県	770-0005	徳島市南矢三 2丁目 1-59 徳島県立障害者交流プラザ内	（財）とくしまノーマライゼーション促進協会	088-634-2000	088-634-2020	http://www.t-norma.jp/top.html
香川県	761-8074	高松市太田上町 405-1	香川県聴覚障害者福祉センター	087-868-9200	087-868-9201	http://www.chosyocenter.com/
愛媛県	790-0811	松山市本町 6-11-5 愛媛県視聴覚福祉センター内	愛媛県聴覚障害者協会	089-923-7928	089-923-7928	
高知県	780-0928	高知市越前町 2-4-15 県盲ろう福祉会館 3F	（社）高知県聴覚障害者協会	088-822-2794	088-875-5307	
福岡県	816-0804	春日市原町 3-1-7 クローバープラザ 3F	福岡県聴覚障害者協会 福岡県手話の会連合会	092-584-3649	092-584-3649	http://www.fad.or.jp/sisetsu/index.html
福岡県（北九州市）	804-0067	北九州市戸畑区汐井町 1-6 ウェルとばた 7F	北九州市登録手話通訳派遣センター	093-881-0170	093-881-0170	

巻末資料

地域	郵便番号	住所	名称	TEL	FAX	URL
佐賀県	840-0851	佐賀市天祐1丁目8-5	(社)佐賀県身体障害者団体連合会	0952-29-3825	0952-29-3918	
長崎県	852-8114	長崎市橋口町10-22 長崎県聴覚障害者情報センター3F	長崎県ろうあ福祉協会	095-847-2681	095-847-2572	http://www.roua-nagasaki.ecweb.jp/
熊本県	861-8039	熊本市長嶺南2丁目3番2号 熊本県身体障害者福祉センター2F	熊本県聴覚障害者情報提供センター	096-383-5595	096-385-7821	http://kumajou.jp/
大分県	870-0907	大分市大津町1-9-5	(社福)大分県聴覚障害者協会 大分県聴覚障害者センター	097-551-2152	097-556-0556	http://www.toyonokuni.jp/
宮崎県	880-0051	宮崎市江平西2-1-20	(社)宮崎県聴覚障害者協会 県立聴覚障害者センター	0985-38-8733	0985-29-2279	http://www2.ocn.ne.jp/~msen
鹿児島県	890-0021	鹿児島市小野町1-1-1 ハートピアかごしま3F	鹿児島県視聴覚障害者情報センター	099-220-5896	099-229-3001	http://www.shichocenter.kagoshima.kagoshima.jp
沖縄県	903-0804	那覇市首里石嶺町4-373-1 沖縄県総合福祉センター西棟3F	沖縄県聴覚障害者協会	098-886-8355	098-882-5911	http://www.normanet.ne.jp/~DEAF-oki/index.html

参 考 文 献

- 内閣府，"平成 20 年版障害者白書"， 2008
- 情報福祉の基礎研究会，"情報福祉の基礎"，ジアーズ教育新社， 2008
- 国立特殊教育総合研究所，"拡大教科書作成へのアプローチ「拡大教科書」作成マニュアル"，ジアーズ教育新社，東京， 2005
- 伊東雋祐, 小出新一監修，"手話通訳がわかる本"，中央法規出版, 2001
- 日本手話通訳士協会監修，"まるごとガイドシリーズ⑲　手話通訳士まるごとガイド"，株式会社ミネルヴァ書房， 72-73， 2004
- 障害者福祉研究会監修，"障害者自立支援六法（平成 19 年版）"，中央法規出版， 2007
- 深見嘉一郎，"色覚異常(改訂第 4 版)"，金原出版， 2003.11

付　　録

<ガイドライン，マニュアル>

　本稿では会議における情報保障の概要を述べました．では，実際どのように論文を作成したり，情報保障を行なえばよいでしょうか．電子情報学会福祉情報工学研究会のホームページには以下のようなアクセシビリティのガイドラインを掲載しています．是非，必要なときにアクセスしてみて下さい．

　http://www.ieice.org/~wit/guidelines/index01.html

- 論文作成・発表アクセシビリティガイドライン
- 論文作成・発表アクセシビリティガイドライン　チェックリスト
- 学会・研究会等における情報保障マニュアル
- 学会・研究会等会場へのアクセス配慮チェックリスト
- 情報保障マニュアル添付資料1（手話通訳・要約筆記依頼先）
- 情報保障マニュアル添付資料2（手話通訳費用の例）
- 情報保障マニュアル添付資料3（点訳依頼手配先リスト）
- 情報保障マニュアル添付資料4（新しい技術による情報保障）

＜分かりやすいPowerPointの例，分かりにくいPowerPointの例＞

関東1都6県の人口の特徴

南関東の人口集積が大きい
人口の伸び率は南関東を除いて減少傾向
低年齢層と高齢者比率は全国比率以下

良いPPTの例

関東1都6県の人口の特徴

南関東の人口集積が大きい
人口の伸び率は南関東を除いて減少傾向
低年齢層と高齢者比率は全国比率以下

・コントラストがなく見にくい

・文字が小さい
・明朝体は・・・。
・行間隔が狭い

・色覚偏位の方に気をつけて！！
・白黒にすると、分らない可能性が・・・。

・項目を大きめに
・項目と図の対応がとりにくい?!

悪いPPTの例

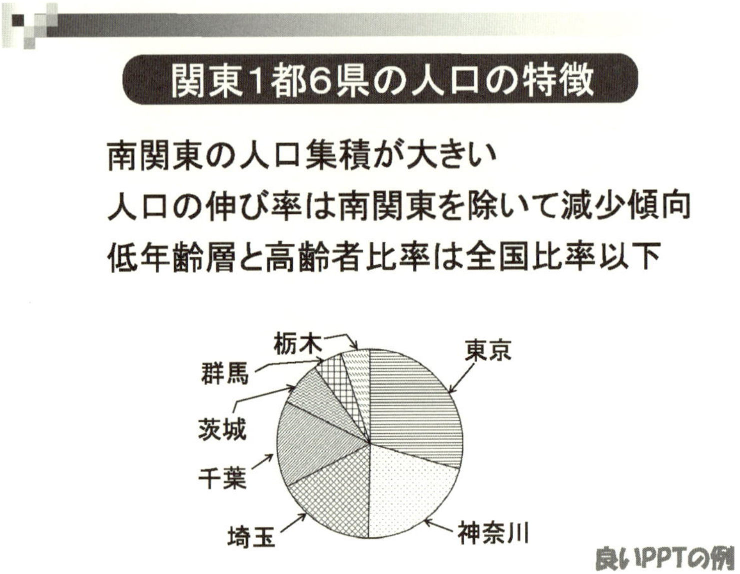

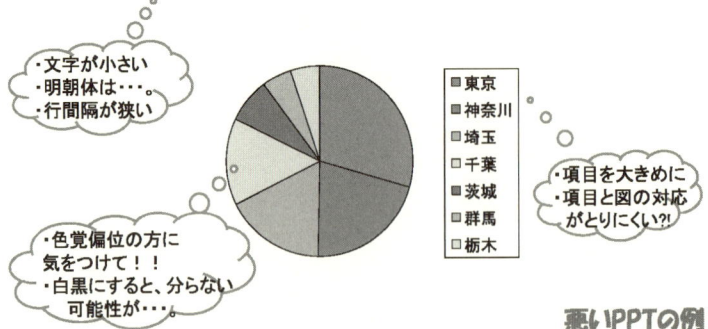

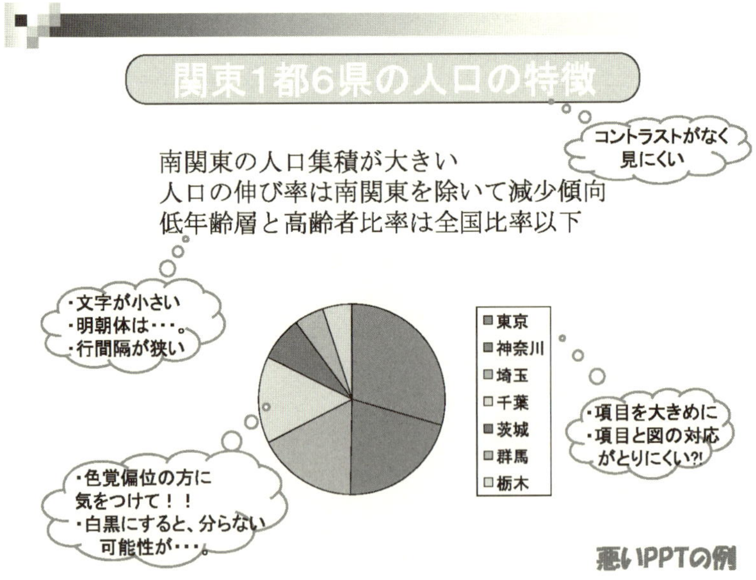

会議・プレゼンテーションのバリアフリー
──"だれでも参加"を目指す実践マニュアル──

索引修正版
（193－199ページ）

和　文　索　引

あ

アクセス確保 ……… 7-10, 13, 104, 163
アスペルガー症候群 ………………… 6
アメリカ手話 ……………………… 175

い

意思伝達装置 ……………………… 67
1型2色覚 ……………… 120, 131, 145
移動支援 …………………………… 48
色情報 ………… 119, 122, 130, 131
色知覚 ……………………………… 119
色弁別特性 ………………………… 120

え

液晶プロジェクタ …… 58, 60, 100, 127, 130
遠隔音声認識字幕 ……… 60, 99, 177
遠隔手話通訳 …………… 54, 93, 99
遠隔地情報支援システム ………… 103

お

オーバーヘッドプロジェクタ …… 56, 89, 130
送り仮名 …………………… 112, 113
オフスクリーンモデル …………… 48
オンスクリーンキーボード ……… 67
音声案内付き券売機 ……………… 17
音声化 …………… 11, 19, 112-116, 157
音声同時字幕システム …………… 102
音声による情報保障 …………… 87, 88
音声認識 ………… 12, 60, 171, 175
音声認識字幕 ……… 60, 89, 99, 177
音訳 …………………………… 18, 43

か

介助犬 ……………… 31, 108, 165
階段昇降機 ………………… 64, 106
学習障害 …………… 7, 31, 68, 173
学習補助者 ………………………… 68
拡大印刷 ……………… 19, 41, 42, 174
拡大教科書 ………………………… 42
拡大写本 …………………………… 42
拡大読書器 ……………… 39, 40, 173
拡大表示 ………………… 18, 34, 39
仮名表記 ………………… 112, 114, 116
加法混色 …………………………… 119
画面拡大ソフト ……… 20, 40, 45, 73
漢字仮名交じり文 ………………… 35
漢字の読み ……………… 80, 113, 134

き

聞き取り通訳 …………………………53
機種依存文字 ………………19, 111, 115
筋ジストロフィー ………………………5

く

グラフ ………20, 37, 118, 130, 131, 137
車椅子 ……………9, 25, 31, 64, 104, 162
車椅子用トイレ …………13, 28, 66, 106

け

原稿作成ガイドライン ………………75
言語障害 …………………………2, 6, 140
減法混色 …………………………………119
健聴な人 …………………………………134

こ

講演 ………14, 22, 44, 47, 68, 72, 75, 87,
　96, 100, 108, 110, 127, 136, 168, 174
高齢者・障害者等配慮設計指針 ……167
国際障害分類 …………………………149
国際生活機能分類 ……………………151
国際労働機関 …………………………148
個人情報 ………………………101, 159, 172
個人情報保護法 ………………………160
誤訳 ……………………………76, 79, 85
固有名詞 …………………76, 79, 84, 113, 134

さ

三原色 ……………………………………119
三属性 ……………………………………119

し

視覚障害 ………2, 3, 9, 10, 13, 16, 34, 68,
　72, 108, 110, 117, 141, 154, 156, 169,
　173
色覚 ………………………………120, 145
色覚障害 ………3, 9, 11, 20, 47, 112, 120,
　127, 144, 168
色覚偏位 …………………………………145
磁気ループ ………………13, 63, 86, 88
指示代名詞 …………11, 47, 91, 111, 136
指示用具 …………………………136-138, 144
肢体不自由 ………2, 5, 10, 13, 25, 64, 66,
　104, 108, 110, 173
質疑時の配慮 …………………………141
失聴 ……………………………………4, 55
自動公衆送信 …………………………158
自動点訳 …………………36, 37, 48, 84
自動ドア ………………………………10, 107
自閉症 ……………………………………6
字幕 ……9, 55, 89, 91, 154, 168, 170-177
社会的不利 …………………………150-151
弱視 ………………………3, 16-20, 39, 45, 73
弱視レンズ ………………………………39
遮光メガネ ………………………………57
手話 ……4, 12, 51-55, 86-103, 139-144,
　154, 157, 171
手話通訳 ……12, 24, 51-54, 86, 92-103,
　134, 136, 139-144, 173-175
手話による情報保障 ……………89, 92
障害者基本法 …………………………149
障害者権利宣言 ………………………148
障害者の雇用の促進等に関する法律
　……………………………………149
障害のあるアメリカ人法 ……………166
障害のある人の概数 ……………………2
情報障害者 ………………………………22
情報処理機器アクセシビリティ指針
　……………………………………166
情報通信技術 …………………………160

情報保障 …… 7-14, 24, 34, 51, 55, 68, 72, 86-111, 134, 143, 148, 156, 168, 173
触図 …………………………… 37, 77, 173
書字表出障害 ……………………………… 31
触覚ディスプレイ ………………………… 50
資料作成 …… 19, 58, 75, 111, 112, 127, 129, 130, 135
白黒反転表示 ……………………………… 40
人工内耳 ………………… 12, 22, 62, 86

す

錐体 …………………………………… 120
スイッチ ………………… 29, 66, 67, 154
スクリーンリーダー …… 11, 16, 19, 38, 44, 48, 82, 111
スピードワープロ ………………………… 60
図への配慮 ……………………… 116, 120
墨字 …………… 78, 80, 82, 83, 85, 117
スロープ ………………… 64, 106, 110

せ

晴眼者 …………………………… 114, 116
正常3色覚 ……………………………… 131
赤外線方式 ………………………………… 64
赤外線補聴システム ……………………… 63
脊髄損傷 …………………………………… 5
セキュリティ保護 ………………………… 85
全盲 ………………… 3, 16, 17, 18, 20, 45

そ

粗訳 …………………………… 76, 79, 80

た

代替試験 …………………………………… 173
代替授業 …………………………………… 173
代替筆記具 ………………………………… 68

段差 ………………… 26, 72, 106, 110, 163

ち

注意欠陥多動性障害 ……………………… 7
中間（型）手話 …………………………… 4, 51
中途失明 …………………………………… 35
聴覚障害 …… 2, 4, 9, 12, 21, 51, 86, 110, 114, 129, 139, 154, 170, 173
著作権 ………………… 78, 83, 101, 154
著作物 …………………………………… 155

て

テキストファイル …… 19, 34, 38, 40, 44, 58, 75, 111, 174
点字 ………… 4, 10, 18, 34, 45, 48, 72-85, 112, 154, 156, 173
点字案内表示 ……………………………… 17
点字印刷 …………… 19, 36, 38, 45, 80, 174
点字化 ………………… 19, 76, 112, 115, 116
点字ディスプレイ ………… 36, 45, 81, 168
電子データ ………………………… 11, 78
電子テキスト …… 18, 34, 40, 79, 82, 85, 156
電子ファイル …… 18, 38, 44, 80, 82, 84, 111, 173
点字プリンタ ……………………………… 35
電子プレゼンテーション …… 127, 130, 135
点字ブロック ………………………… 10, 17
点字編集ソフト ………………… 35, 45, 48
電子メール ……………………… 17, 77, 81
点図 ………………………………… 37, 48
点図作成ソフト ………………………… 37, 48
点訳 …… 18, 35, 44, 85, 112, 114, 116, 168
点訳作業 …………………………………… 80

点訳データ……………………38
点訳費用……………………82

と

同音異義語………11, 76, 79, 84, 90, 112
同形異音語………………11, 112, 113
読字障害………………………31
特殊記号……………………115
特許…………………47, 84, 96

な

難聴…………………………4, 55

に

2型2色覚……………120, 131, 145
2色覚…………………120, 131, 145
二次利用………………………83
日本語対応手話……………4, 52, 89
日本手話……………………4, 52, 89
入力支援……………………66, 109

の

脳性まひ……………………5, 30
ノートテーカー……………55, 68, 173
ノートテーク………24, 55, 89, 92, 173

は

背景色への配慮……………130
白内障………………………3, 131
パソコン文字通訳……………90
パソコン要約筆記……55, 58, 89, 139
発声補助具…………………140
発達障害……………6, 31, 156, 162
発表時ガイドライン……………75
発表者……14, 54, 72, 76, 78-80, 84, 87, 102, 110, 134, 143

発話障害……………………140
発話補助装置………………66, 67
バリアフリー新法………66, 104, 161

ひ

筆談………………12, 24, 55, 84, 89
表………11, 19, 37, 47, 50, 76, 84, 111, 117, 126, 128, 137
表色系………………………119
表への配慮…………………117

ふ

フォント………20, 39, 48, 73, 84, 111, 126, 128
復唱…………………………60
複製…………………………154
プライバシー………………159
振り仮名……………………86, 134
プレゼンテーション……16, 20, 24, 25, 29, 30, 47, 66, 100, 110, 126-136, 140, 143
文章による情報保障…………84, 87
文章の体裁…………………116

ほ

ポスター発表………………127
補聴器………4, 12, 22, 51, 62, 86, 88
補聴システム…………13, 62, 88
補聴デバイス………………174

ま

マウスカーソル……………136
前ロール……………………57

め

明瞭な発話…………………54, 139

明瞭な表現 …………………………126
メモ欄の活用 ………………………135

も

盲ろう …………………………2, 154, 174
文字サイズ ………13, 20, 111, 125, 128, 130, 134, 135
文字色への配慮 ……………………130
文字による情報保障 …………………86

ゆ

ユーザー補助 …………………………67

よ

要約筆記 ……12, 24, 55, 86, 89, 95, 99, 134, 139-144
読み上げソフト ……11, 16, 82, 112, 116
読み取り通訳 …………………………53

ら

らくらくおでかけネット …………106

り

リアルタイム字幕 …………………173
リスピーク ………………60, 171, 177
リハビリテーション法508条 ……166
略語への配慮 …………………125, 134

る

ルーペ …………………………………39

れ

レイアウト情報 ………………………84
レーザポインタ ………………136, 144

ろ

ロービジョン ……………………3, 112
ログ（入力データ） ………………101
録音 ……………………18, 43, 156, 173
録音許可 ………………………………68
録音図書 ……………34, 43, 68, 157, 173

欧文索引

A
ADA（Americans with Disabilities Act　えいでぃーえー）……166
ADHD（Attention Deficit/Hyperactivity Disorder　えいでぃーえっちでぃー）
………………………………………………………………………………7
API（Application Programming Interface　えいぴーあい）……49

C
CSUN（California State University, Northridge　しーさん）……174

D
DHTML（Dynamic HTML　でぃえいちてぃえむえる）……49
DAISY形式（Digital Accessible Information SYstem　でいじーけいしき）
………………………………………………………………………43, 174

F
FM方式（Frequency Modulation　えふえむほうしき）……64
Flash（ふらっしゅ）……16, 49

G
GUI（Graphical User Interface　じーゆーあい）……44, 48-50

H
HTML（HyperText Markup Language　えいちてぃーえむえる）……16, 21
handicap（はんでぃきゃっぷ）……150

I
ILO（International Labour Organization　あいえるおー）……148
ICIDH（International Classification of Impairments, Disabilities and Handicap
　あいしーあいでぃーえっち）……149-152
ICF（International Classification of Functioning, Disability and Health

索　引

　あいしーえふ）···149, 151
ICT　(Information and Communication Technology　あいしーてぃー）·········160
IPtalk　(あいぴーとーく）···58, 64

J
JIS X 8341　(じす えっくす 8341）··167
JIS Z 8071　(じす ぜっと 8071）···167

L
LD　(Learning Disorders/Learning Disabilities　えるでぃー）·····················7

M
MP3　(MPEG Audio Layer-3　えむぴーすりー）·····························43, 44

O
OHC 要約筆記　(Over Head Camera　おーえっちしー ようやくひっき）·····58, 89
off screen model　(おふすくりーん もでる）····································48

P
PC 要約筆記　(ぴーしー ようやくひっき）···········55, 58-60, 64, 89, 96, 97, 99-101
PDF　(Portable Document Format　ぴーでぃーえふ）···········16, 19, 21, 49, 78, 85

T
tach　(たっち）···58, 64
T モード　(てぃーもーど）···63

V
VOCA　(Voice Output Communication Aids　ほか）·····························67

W
Web アクセシビリティ　(うえぶ あくせしびりてぃ）························16, 50
Web ブラウザ　(うえぶ ぶらうざ）·······································45, 49
Web ページ　(うえぶ ぺーじ）··16, 21, 77

和文索引

あ

アクセス確保………6-9, 12, 122, 156
アスペルガー症候群………………5
アメリカ手話…………………168

い

意思伝達装置……………………64
1型2色覚……………115, 126, 140
移動支援……………………………45
色情報………………114, 117, 125, 126
色知覚………………………………114
色弁別特性…………………………115

え

液晶プロジェクタ…55, 57, 95, 122, 125
遠隔音声認識字幕………57, 94, 170
遠隔手話通訳……………51, 88, 94
遠隔地情報支援システム…………98

お

オーバーヘッドプロジェクタ……53, 84, 125
送り仮名…………………107, 108
オフスクリーンモデル……………45
オンスクリーンキーボード………63
音声案内付き券売機………………16
音声化……………10, 18, 107-111, 150
音声同時字幕システム……………97

音声による情報保障…………82, 83
音声認識……………11, 57, 164, 168
音声認識字幕……57, 84, 88, 94, 170
音訳…………………………17, 40

か

介助犬………………30, 103, 158
階段昇降機…………………61, 101
学習障害………………6, 30, 65, 166
学習補助者…………………………65
拡大印刷……………18, 38, 41, 167
拡大教科書…………………………39
拡大写本……………………………39
拡大読書器………………36, 38, 166
拡大表示……………………17, 31, 36
仮名表記……………107, 109, 111
加法混色……………………………114
画面拡大ソフト………19, 37, 42, 68
漢字仮名交じり文…………………32
漢字の読み……………75, 108, 129

き

聞き取り通訳………………………50
機種依存文字……………18, 106, 110
筋ジストロフィー…………………4

く

グラフ………19, 34, 113, 125, 128, 132
車椅子……8, 12, 24, 30, 61, 99, 155
車椅子用トイレ………12, 27, 63, 102

け

原稿作成ガイドライン……………70
言語障害………………1, 5, 135
減法混色……………………114
健聴な人……………………129

こ

講演者………13, 21, 41, 44, 65, 67,
　70, 82, 91, 95, 103, 105, 122, 131,
　161, 167
高齢者・障害者等配慮設計指針……160
国際障害分類………………142
国際生活機能分類……………145
国際労働機関………………141
個人情報……………96, 152, 165
個人情報保護法………………152
誤訳………………71, 74, 80
固有名詞………71, 74, 79, 108, 129

さ

三原色………………………114
三属性………………………114

し

視覚障害………1, 2, 8, 9, 12, 15, 31,
　65, 67, 103, 105, 112, 134, 136,
　147, 149, 162, 166
色覚………………………115, 140
色覚障害………2, 8, 10, 19, 44, 107,
　115, 122, 139, 161
色覚偏位……………………140
磁気ループ………12, 60, 81, 83
指示代名詞………10, 44, 86, 106, 131
指示用具………………131-133, 139
肢体不自由…1, 4, 9, 12, 24, 61, 63,
　99, 103, 105, 166
質疑時の配慮………………136
失聴………………………3, 52
自動公衆送信………………151
自動点訳………33, 34, 45, 79
自動ドア………………9, 102
自閉症……………………5
字幕……8, 52, 84, 86, 147, 161, 163-
　170
社会的不利………………143-146
弱視………2, 15-19, 36, 42, 68
弱視レンズ…………………36
遮光メガネ…………………54
手話………3, 11, 48-52, 81-98, 134-139,
　147, 150, 164
手話通訳…11, 23, 48-51, 81, 87-98,
　129, 131, 134-139, 166-168
手話による情報保障…………84, 87
障害者基本法………………142
障害者権利宣言……………141
障害者の雇用の促進等に関する法律
　………………………………142
障害のあるアメリカ人法………159
障害のある人の概数……………1
情報障害者…………………21
情報処理機器アクセシビリティ指針
　………………………………159
情報通信技術………………153
情報保障…6-13, 23, 31, 48, 52, 65,
　67, 81-106, 129, 138, 141, 149,
　161, 166
触図………………34, 72, 166
書字表出障害………………30
触覚ディスプレイ……………47
資料作成………18, 55, 70, 106, 107,
　122, 124, 126, 130

白黒反転表示…………………………37
人工内耳………………11, 21, 59, 81

す

錐体………………………………115
スイッチ………………28, 63, 64, 147
スクリーンリーダー……10, 15, 18, 35,
　41, 45, 68, 77, 106
スピードワープロ……………………57
図への配慮…………………111, 115
墨字………68, 73-75, 77, 78, 80, 112
スロープ………………61, 101, 105

せ

晴眼者……………………109, 111
正常3色覚…………………………126
赤外線方式……………………………61
赤外線補聴システム…………………60
脊髄損傷………………………………4
セキュリティ保護……………………80
全盲……………2, 15, 16, 17, 19, 42

そ

粗訳……………………………71, 74, 75

た

代替試験……………………………166
代替授業……………………………166
代替筆記具……………………………65
段差……………25, 67, 101, 105, 156

ち

注意欠陥多動性障害……………………6
中間（型）手話………………3, 48
中途失明………………………………32
聴覚障害………1, 3, 8, 11, 20, 48, 81,
　105, 109, 124, 134, 147, 163, 166
著作権…………………68, 73, 78, 96, 147
著作物………………………………148

て

テキストファイル……18, 31, 35, 37,
　41, 55, 70, 106, 167
点字……3, 9, 17, 31, 42, 45, 68-80,
　107, 147, 149, 166
点字案内表示…………………………16
点字印刷……18, 33, 35, 42, 69, 75,
　167
点字化…………18, 71, 107, 110, 111
点字ディスプレイ……33, 35, 42, 68,
　76, 161
電子データ…………………………10, 73
電子テキスト……17, 31, 37, 68, 74,
　77, 80, 149
電子ファイル……17, 35, 41, 70, 75,
　77, 79, 106, 166
点字プリンタ…………………………32
電子プレゼンテーション……122, 125,
　130
点字ブロック………………9, 16, 67
点字編集ソフト………………32, 42, 45
電子メール…………………16, 72, 76
点図……………………………34, 45
点図作成ソフト………………34, 45
点訳…17, 32, 41, 70, 80, 107, 109,
　111, 161
点訳作業……………………………75
点訳データ…………………………35
点訳費用……………………………77

と

同音異義語……10, 71, 74, 79, 85, 107

同形異音語……………10, 107, 108
読字障害………………………30
特殊記号………………………110
特許…………………44, 79, 91

な

難聴……………………………3, 52

に

2型2色覚 ……………115, 126, 140
2色覚 …………………115, 126, 140
二次利用………………………78
日本語対応手話………………3, 48, 84
日本手話………………………3, 48, 84
入力支援………………………63, 104

の

脳性まひ………………………4, 29
ノートテーカー………………52, 65, 166
ノートテーク…………23, 52, 84, 87, 166

は

背景色への配慮………………125
白内障…………………………2, 126
パソコン文字通訳……………85
パソコン要約筆記……………55, 84, 134
発声補助具……………………135
発達障害………………5, 30, 149, 155
発表時ガイドライン…………70
発表者……13, 51, 67, 71, 73-75, 79, 82, 97, 105, 129, 138
発話障害………………………135
発話補助装置…………………63, 64
バリアフリー新法……………63, 99, 154

ひ

筆談……………11, 23, 52, 84, 87
表………10, 18, 34, 44, 47, 71, 79, 106, 112, 121, 123, 132
表色系…………………………114
表への配慮……………………112

ふ

フォント………19, 36, 45, 68, 79, 106, 121, 123
復唱……………………………57
複製……………………………147
プライバシー…………………152
振り仮名………………………81, 129
プレゼンテーション……15, 19, 23, 24, 28, 29, 44, 63, 95, 105, 121-131, 135, 138
文章による情報保障…………84, 87
文章の体裁……………………111

ほ

ポスター発表…………………122
補聴器………3, 11, 21, 48, 59, 81, 83
補聴システム…………………12, 59, 83
補聴デバイス…………………167

ま

マウスカーソル………………131
前ロール………………………54

め

明瞭な発話……………………51, 134
明瞭な表現……………………121
メモ欄の活用…………………130

も

盲ろう……………………1, 147, 167
文字サイズ……12, 19, 106, 120, 123, 125, 129, 130
文字色への配慮………………125
文字による情報保障………………81

ゆ

ユーザー補助…………………64

よ

要約筆記……11, 23, 52, 81, 84, 90, 94, 129, 134-139
読み上げソフト……10, 15, 77, 107, 111
読み取り通訳…………………50

ら

らくらくおでかけネット…………101

り

リアルタイム字幕………………166
リスピーク……………57, 164, 170
リハビリテーション法508条……159
略語への配慮……………120, 129

る

ルーペ……………………36

れ

レイアウト情報…………………79
レーザポインタ……………131, 139

ろ

ロービジョン………………2, 107
ログ（入力データ）……………96
録音……………17, 40, 149, 166
録音許可…………………65
録音図書………31, 40, 65, 150, 166

欧 文 索 引

A
ADA （Americans with Disabilities Act　えいでぃーえー）………………………159
API （Application Programming Interface　えいぴーあい）………………………46

C
CSUN （California State University, Northridge　しーさん）……………………167

D
DHTML （Dynamic HTML　でぃえいちてぃえむえる）…………………………46
DAISY 形式 （Digital Accessible Information SYstem　でいじーけいしき）…40, 167

F
FM 方式 （Frequency Modulation　えふえむほうしき）…………………………61
Flash （ふらっしゅ）………………………………………………………………15, 46

G
GUI （Graphical User Interface　じーゆーあい）…………………………41, 45-47

H
HTML （HyperText Markup Language　えいちてぃーえむえる）……………15, 20
handicap （はんでぃきゃっぷ）……………………………………………………142

I
ILO （International Labour Organization　あいえるおー）……………………141
ICIDH （International Classification of Impairments, Disabilities and Handicap
　あいしーあいでぃーえっち）………………………………………………142-145
ICF （International Classification of Functioning, Disability and Health
　あいしーえふ）………………………………………………………………142, 144
ICT （Information and Communication Technology　あいしーてぃー）………153

IPtalk （あいぴーとーく）··55, 61

J
JIS X 8341 （じす えっくす 8341）···160
JIS Z 8071 （じす ぜっと 8071）···160

L
LD （Learning Disorders/Learning Disabilities　えるでぃー）····················6

M
MP3 （MPEG Audio Layer-3　えむぴーすりー）·······································40

O
OHC 要約筆記 （Over Head Camera　おーえっちしーようやくひっき）········55, 84
off screen model （おふすくりーんもでる）··45

P
PC 要約筆記 （ぴーしーようやくひっき）·····················52, 55-57, 61, 84, 91-96
PDF （Portable Document Format　ぴーでぃーえふ）···············15, 18, 46, 73, 80

T
tach （たっち）··55, 61
T モード （てぃーもーど）···60

V
VOCA （Voice Output Communication Aids　ぼか）··································64

W
Web アクセシビリティ （うぇぶあくせしびりてぃ）··15
Web ブラウザ （うえぶぶらうざ）···42, 46
Web ページ （うえぶぺーじ）··15, 20, 72

——著者一覧——

安藤彰男	NHK放送技術研究所
井上正之	筑波技術大学
岡本　明	筑波技術大学
河井良浩	産業技術総合研究所
大場陽子	キャプショニング・ペガサス
坂井忠裕	NHK放送技術研究所
中山　剛	国立障害者リハビリテーションセンター研究所
長嶋祐二	工学院大学
䇈川友宏	静岡大学
樋口宜男	立命館大学
深山　篤	NTTサービスインテグレーション基盤研究所
渡辺哲也	新潟大学

表紙デザイン・イラスト　AKASH CUBE　岡本愛子

■視覚障害，肢体不自由，発達障害などのために印刷物を読むことが困難である方々には，本書の電子テキストをCD-ROMで提供致します．電子テキストを必要とされる方は，送料として140円切手と，カバー内側の折り返し部分の下の電子テキスト引換券(複製不可)，それに御住所，御氏名を明記した用紙(任意書式)を同封の上，

〒105-0011　東京都港区芝公園3-5-8　機械振興会館103号室
(社)電子情報通信学会　出版事業部　単行本担当

までお申し込み下さい．

会議・プレゼンテーションのバリアフリー
— "だれでも参加"を目指す実践マニュアル —
Meeting for All：Create Barrier-free Meeting

平成22年4月20日　初版第1刷発行

編　者　(社)電子情報通信学会
発行者　木暮賢司
印刷者　大沼美佳
印刷所　株式会社 技報堂
〒107-0052　東京都港区赤坂1-3-6赤坂グレースビル

©社団法人　電子情報通信学会　2010

発行所　社団法人　電子情報通信学会
〒105-0011　東京都港区芝公園3丁目5番8号(機械振興会館内)
電　話　(03) 3433-6691 (代)　振替口座　00120-0-35300
ホームページ　http://www.ieice.org/

取次販売所　株式会社 コロナ社
〒112-0011　東京都文京区千石4丁目46番10号
電　話　(03) 3941-3131 (代)　振替口座　00140-8-14844
ホームページ　http://www.coronasha.co.jp/

ISBN 978-4-88552-242-0　　　　　　　　　　　　　　　Printed in Japan

無断複写・転載を禁ずる